2024年度版

DCプランナー

2級

試験問題集

JN029246

一般社団法人 金融財政事情研究会

◇本試験および本書についての注意事項◇

・本試験では計算問題が出題されますが、試験画面左下の「電卓」ボタンを押下するとWindows搭載の関数電卓を使用することができます。

・試験画面で表示される電卓は、最前面に表示されます。電卓を閉じると計算がリセットされます。

・試験画面で表示される電卓の「標準電卓」と「関数電卓」の切替は、電卓の上部から行ってください。

・テストセンターで受験する際に使用するコンピュータのOSは、すべてWindows8.1以上です。

・試験画面で表示される関数電卓には「$\sqrt{\ }$」「$\sqrt[x]{x}$」「x^2」「x^y」等の機能があり、いずれも試験で出題される計算問題で使用することができます。

・「$\sqrt[x]{x}$」や「x^y」等の関数電卓での計算方法は、次のとおりです。

　例①：$\sqrt[3]{8}$（＝2）を計算する場合

　　「8」→「$\sqrt[x]{x}$」→「3」→「=」、または「8」→「$\sqrt[3]{x}$」と押下すると、8の3乗根である2が求められます。

　例②：2^3（＝8）を求める場合

　　「2」→「x^y」→「3」→「=」、または「2」→「x^3」と押下すると、2の3乗である「8」が求められます。

・Windows10に搭載の関数電卓は、「$\sqrt[x]{x}$」や「x^y」等の計算機能の表示が隠れていることがありますが、電卓上の「↑」または「2nd」を押下することで表示を切り替えることができます。

・問題文等に使用されている「▲」の表記は、その数値がマイナス値であることを示しています。

・本書の「解説と解答」において、リターンやリスク等の割合を求める計算過程では、％表示にするための「×100」の表記を省略しております。

・実際の実務および本試験の受験にあたっては、行政当局から発出された制度等の最新情報も併せてご参照ください。

　◎厚生労働省：https://www.mhlw.go.jp/index.html

・DCプランナー認定制度についての最新情報は、以下のWebサイトをご参照ください。

　◎商工会議所の検定試験：https://www.kentei.ne.jp/planner

　◎（一社）金融財政事情研究会：https://www.kinzai.or.jp/dc

◇はじめに◇

　本書は、「日商・金財ＤＣ（確定拠出年金）プランナー認定試験　ＤＣプランナー２級」受験者の学習の利便を図るためにまとめた試験問題集です。

　ＤＣプランナー認定制度は、確定拠出年金制度に関する一定水準以上の知識を有する指導者、担当者を育成し、わが国における確定拠出年金制度の円滑な導入・普及に資することを目的として創設された制度です。ＤＣプランナー認定試験は、日本商工会議所と一般社団法人金融財政事情研究会が共催しています。

　確定拠出年金制度の普及を担う人材には、確定拠出年金制度に関する知識はもちろんのこと、各種年金制度・退職給付制度全般の理解に加え、投資に関する知識、さらにはライフプランニング能力が求められます。ＤＣプランナー認定試験は、これらの知識・能力を問う内容となっています。

　本書は、同認定試験のうちＤＣプランナー２級に対応したもので、試験内容に準じて、体系的に基礎知識を習得できるよう配慮しました。また、より学習効果を上げるために、基本教材である通信教育講座「企業年金・退職金に強くなる講座」（一般社団法人金融財政事情研究会）の受講をお勧めいたします。

　本書を有効に活用して、皆様がＤＣプランナー２級に合格されることを期待しています。

2024年6月

一般社団法人　金融財政事情研究会

検定センター

◇◇目　次◇◇

第2章　確定拠出年金制度

第3章　老後資産形成マネジメント

第4章　総合問題

―――〈法令基準日〉―――

　本書は、問題文に特に指示のない限り、2024年 7 月 1 日（基準日）現在
施行の法令等に基づいて編集しています。（注）

（注）　令和 6 年度税制改正に伴い、令和 6 年分所得税について定額による所得税額の特別
　　　控除（定額減税）が実施されますが、本問題集では定額減税については考慮しないも
　　　のとします。

◇CBT試験とは◇

　CBT（Computer-Based Testing）とは、コンピュータを使用して実施
する試験の総称で、パソコンに表示された試験問題にマウスやキーボード
を使って解答します。金融業務能力検定は、一般社団法人金融財政事情研
究会が、株式会社シー・ビー・ティ・ソリューションズの試験システムを
利用して実施する試験です。CBTは、受験日時・テストセンター（受験
会場）を受験者自らが指定できるとともに、試験終了後、その場で試験結
果（合否）を知ることができるなどの特長があります。

本書に訂正等がある場合には、下記ウェブサイトに掲載いたします。
https://www.kinzai.jp/seigo/

〈凡例〉

・国年法…国民年金法

・厚年法…厚生年金保険法

・中退共法…中小企業退職金共済法

・法令解釈…法令解釈通知「確定拠出年金制度について（2021年9月27日）」

日商・金財DC（確定拠出年金）プランナー認定試験 ガイドライン（1・2級共通）

1. このガイドラインは、DCプランナー認定資格者が、確定拠出年金等を用いた老後の資産形成の意義を啓蒙すること等を通して、確定拠出年金制度の円滑な普及に資するために必要とされる専門知識・技能等の体系・水準を示したものです。

2. このガイドラインでは、DCプランナー認定資格者に必要とされる専門知識・技能等を、A分野（年金・退職給付制度等）、B分野（確定拠出年金制度）、C分野（老後資産形成マネジメント）の3つの分野に分類しています。試験では原則として分野ごとに記載された出題項目が出題されますが、これらの分野は相互に関連し合うものであるため、当該分野に関連してその他の分野に記載されている出題項目が出題されることもあります。

3. このガイドラインで示す出題項目は、DCプランナーとして求められる専門知識・技能等に達するために修得すべき主な項目を記載したものです。したがって、実際の試験では、ガイドラインの出題項目等に詳細な記載がなくとも、DCプランナーが当然理解しておくべき、出題項目等に関連する時事的な問題なども出題される可能性があります。

■到達レベル

等級	求められるレベル	対象者
1級	確定拠出年金やその他の年金制度全般、および金融商品、投資等に関する専門的な知識を有し、企業に対しては現行退職給付制度の特徴と問題点を把握のうえ、確定拠出年金を基軸とした適切な施策を構築でき、また、加入者等の個人に対しては確定拠出年金の加入者教育の実施および老後を見据えた資産形成およびその前提となる生活設計の提案ができるレベル。	・企業の年金管理者 ・退職給付コンサルタント ・金融機関の年金業務担当者等
2級	確定拠出年金やその他の年金制度全般に関する基本的事項を理解し、金融商品や投資等に関する一般的な知識を有し、確定拠出年金の加入者・受給者、確定拠出年金制度を実施する企業の福利厚生担当者などに対し説明できるレベル。	・企業の年金担当者 ・金融機関の渉外担当者　等

■出題分野

A 分野　年金・退職給付制度等

《出題の内容と狙い》

　確定拠出年金制度を理解するためには、まず、年金・退職給付制度の全体像を把握し、各制度の内容を理解する必要があります。確定拠出年金が公的年金に上乗せされる制度であるという観点からは、公的年金に関する知識、私的年金の一つであるという観点からは、他の私的年金制度等に関する知識が求められます。確定拠出年金の企業型年金には企業年金としての側面があるため、企業年金およびその起源となる退職一時金との関係、これらの退職給付制度に係る会計上の取扱いである退職給付会計などに関する知識も必要となります。また、確定拠出年金を含めた老後の生活設計を考えるにあたり、各種の社会保険制度の理解も欠かすことはできません。

　DC プランナーは、公正・中立な視点から、年金・退職給付制度等に関する総合的な知識を正確に理解することが求められます。

1．公的年金	(1)　公的年金の概要 (2)　国民年金の仕組み (3)　厚生年金保険の仕組み (4)　被保険者 (5)　保険料 (6)　給付 (7)　税制上の措置
2．企業年金と個人年金	(1)　企業年金の概要 (2)　確定給付企業年金 (3)　中小企業退職金共済 (4)　特定退職金共済 (5)　小規模企業共済 (6)　国民年金基金 (7)　財形年金 (8)　各種個人年金
3．退職給付制度	(1)　企業年金と退職金 (2)　税制上の措置 (3)　退職給付会計
4．中高齢期における社会保険	(1)　健康保険 (2)　雇用保険
5．年金・退職給付制度等の最新の動向	年金・退職給付制度等に関する最新の動向

B分野　確定拠出年金制度

《出題の内容と狙い》

　確定拠出年金は他の確定給付型の年金制度とは大きく異なる制度です。まず、加入者や加入を検討する個人、実施企業や導入を検討する企業等に、確定拠出年金の仕組みを説明できる知識が必要です。これに加え、企業型年金の導入を検討する企業等に対しては、既存の退職給付制度からの移行を含む制度設計、導入時および導入後の諸手続等、個人型年金への加入を検討する個人等に対しては、加入時および加入後の諸手続等に関する知識が求められます。また、確定拠出年金制度の運営に関わる運営管理機関、資産管理機関、企業型年金を実施する企業や個人型年金における国民年金基金連合会の役割や行為準則等の知識も不可欠です。

　DCプランナーは、公正・中立な視点から、確定拠出年金制度に関する幅広い知識を正確に理解することが求められます。

1．確定拠出年金の仕組み	(1)　確定拠出年金の概要
	(2)　企業型年金の仕組み
	(3)　個人型年金の仕組み
	(4)　加入者・運用指図者
	(5)　掛金と拠出限度額
	(6)　運用
	(7)　給付
	(8)　離転職時等の資産の移換
	(9)　税制上の措置
2．企業型年金の導入および運営	(1)　企業型年金規約
	(2)　運営管理機関、資産管理機関の役割と業務
	(3)　制度導入および制度設計に係る財務、人事労務面の検討
	(4)　導入および運営に係る諸手続
	(5)　投資教育・継続教育
	(6)　既存の退職給付制度からの移行
3．個人型年金に係る手続等	(1)　国民年金基金連合会の役割と業務
	(2)　個人型年金加入者に係る諸手続と実務
4．コンプライアンス	(1)　事業主の責務と行為準則
	(2)　運営管理機関・資産管理機関の行為準則
	(3)　投資情報提供・運用商品説明上の留意点
	(4)　受託者責任
5．確定拠出年金制度の最新の動向	確定拠出年金制度に関する最新の動向

C分野　老後資産形成マネジメント

《出題の内容と狙い》

　確定拠出年金を活用して老後資産を形成するためには、加入者のライフプランにあった運用の方法、モニタリング、対応策を適切に理解する必要があり、そのための専門的知識が必要となります。

　また、確定拠出年金を活用するうえで必要になる投資教育を行うには、個々の加入者等のニーズや投資経験、知識レベル等を考慮したうえで、専門的知識を適切にわかりやすく伝える説明能力も求められます。さらに、確定拠出年金制度を含めた老後の生活設計に係る知識にも精通していることが不可欠となります。

　DCプランナーは、公正・中立な視点から、いわゆる投資教育等に関する専門的な知識を正確に理解することが求められます。

1．金融商品の仕組みと特徴	預貯金、信託商品、投資信託、債券、株式、保険商品等の金融商品についての次の事項 (1) 種類・性格または特徴 (2) 価格に影響を与える要因等 (3) 金融商品に関係する法令
2．資産運用の基礎知識・理論	(1) 資産の運用を行うに当たっての留意点 (2) 算術平均と幾何平均 (3) リスクとリターン (4) 長期運用の考え方とその効果 (5) 分散投資の考え方とその効果 (6) ドルコスト平均法 (7) アセットアロケーション (8) 相関係数 (9) 有効フロンティアの考え方
3．運用状況の把握と対応策	(1) 投資指標・投資分析情報 (2) ベンチマーク (3) 格付け・投資信託の評価 (4) パフォーマンス評価 (5) モニタリングと対応策
4．確定拠出年金制度を含めた老後の生活設計	(1) 資産形成に取り組むことの必要性 (2) 老後資産形成の計画や運用目標の考え方 (3) 運用リスクの度合いに応じた資産配分 (4) 老後に必要となる資産の計算
5．老後資産形成マネジメントの最新の動向	老後資産形成マネジメントに関する最新の動向

〔日本商工会議所・各地商工会議所との共催〕

「DCプランナー2級」試験概要
（2級DCプランナー認定試験）

確定拠出年金やその他年金制度全般に関する基本的な知識、投資教育や老後の資産形成に係る一般的な知識および確定拠出年金制度を導入した企業や加入者等への情報提供力を検証します。

■受験日・受験予約　　通年実施。受験者ご自身が予約した日時・テストセンター（https://cbt-s.com/testcenter/）で受験していただきます。受験予約は受験希望日の3日前まで可能ですが、テストセンターにより予約可能な状況は異なります。

■試験の対象者　　　　企業の年金担当者、金融機関の営業担当者等
　　　　　　　　　　　※受験資格は特にありません

■試験の範囲　　　　　1．年金・退職給付制度等　　2．確定拠出年金制度
　　　　　　　　　　　3．老後資産形成マネジメント　4．総合問題

■試験時間　　　　　　120分　試験開始前に操作方法等の案内があります。

■出題形式　　　　　　四答択一式30問、総合問題10題

■合格基準　　　　　　100点満点で70点以上

■受験手数料（税込）　7,700円

■法令基準日　　　　　問題文に特に指示のない限り、2024年7月1日現在施行の法令等に基づくものとします。（注）

　　　　　　　　　　　（注）　令和6年度税制改正に伴い、令和6年分所得税について定額による所得税の特別控除（定額減税）が実施されますが、本試験では定額減税については考慮しないものとします。

■合格発表　　　　　　試験終了後、その場で合否に係るスコアレポートが手交されます。合格者は、試験日の翌日以降、合格証書をマイページからPDF形式で出力できます。

■持込み品　　　　　　携帯電話、筆記用具、計算機、参考書および六法等を含め、自席（パソコンブース）への私物の持込みは認められていません。テストセンターに設置されている鍵付きのロッカー等に保管していただきます。メモ用紙・筆記用具はテストセンターで貸し出されます。計算問題については、試験画面上に表示される電卓（ルート（√）機能利用可能）を利用することができます。

■受験教材等	・本書
	・通信教育講座「企業年金・退職金に強くなる講座」
	（一般社団法人金融財政事情研究会）
	・参考書籍「2024年度版 DCプランナー実務必携」
	（一般社団法人金融財政事情研究会）
■受験申込の変更・キャンセル	受験申込の変更・キャンセルは、受験日の3日前までマイページより行うことができます。受験日の2日前からは、受験申込の変更・キャンセルはいっさいできません。
■受験可能期間	受験可能期間は、受験申込日の3日後から当初受験申込日の1年後までとなります。受験可能期間中に受験（またはキャンセル）しないと、欠席となります。

※金融業務能力検定・サステナビリティ検定の最新情報は、一般社団法人金融財政事情研究会のWebサイト（https://www.kinzai.or.jp/kentei/news-kentei）でご確認ください。

第1章

年金・退職給付制度等

1-1　国民年金の被保険者（Ⅰ）

《問》国民年金の被保険者に関する次の記述のうち、最も適切なものはどれか。

1）日本国籍を有する35歳の第1号被保険者が外国に居住することになった場合、その者は国民年金の任意加入被保険者になることはできない。

2）国民年金の保険料納付済期間と合算対象期間の合計月数が300月（25年）である60歳の自営業者は、本人が希望すれば、最長65歳に達する前日まで国民年金の任意加入被保険者になることができる。

3）第3号被保険者とは、原則として、国内居住要件を満たし、第2号被保険者の配偶者であって、主として第2号被保険者の収入により生計を維持される者（被扶養配偶者）のうち、20歳以上65歳未満の者である。

4）第1号被保険者が、第2号被保険者または第3号被保険者に該当することなく60歳の誕生日を迎えた場合は、60歳の誕生日当日に第1号被保険者の資格を喪失する。

・解説と解答・

1）不適切である。日本国籍を有する第1号被保険者が、国内に住所を有しなくなると、第2号被保険者または第3号被保険者に該当しない場合は、第1号被保険者資格を喪失する。ただし、本人からの申出により国民年金の任意加入被保険者になることができる（国年法7条、9条、附則5条）。

2）適切である。老齢基礎年金の受給資格期間は満たしているが、老齢基礎年金の年金額を増やしたい者は、最長65歳に達する前日まで、または保険料納付済期間が最長で480月となるまで国民年金に任意加入し、国民年金の保険料を納付することができる（国年法附則5条）。

3）不適切である。第3号被保険者とは、第2号被保険者の配偶者であって、主として第2号被保険者の収入により生計を維持される者（被扶養配偶者）のうち、20歳以上60歳未満の者である。2020年4月1日より、国民年金の第3号被保険者の認定について、国内居住要件が導入された。ただし、海外に赴任する被保険者に同行する配偶者に該当するときなどは、国内居住要件の例外（「海外特例要件」という）として手続をすることによ

り、第3号被保険者となることができる（国年法7条）。

4）不適切である。60歳の誕生日の前日に、第1号被保険者の資格を喪失する（国年法7条、9条、民法143条）。

正解　2）

1-2　国民年金の被保険者（Ⅱ）

《問》国民年金の被保険者に関する次の記述のうち、最も適切なものはどれか。

1）国民年金の保険料納付済期間が360月（30年）である60歳の自営業者が、国民年金の任意加入被保険者となった場合、65歳に達するまでは、本人の申出によりその資格を喪失することはできない。

2）第2号被保険者が第1号被保険者に該当することとなったときは、原則として30日以内に種別変更の届出をする必要がある。

3）第2号被保険者の配偶者（配偶者自身が第2号被保険者である場合を除く）であって20歳以上60歳未満の者は、その収入の如何にかかわらず第3号被保険者となる。

4）第1号被保険者が、第2号被保険者または第3号被保険者に該当することなく60歳の誕生日を迎えた場合、60歳の誕生日の前日に第1号被保険者の資格を喪失する。

・解説と解答・

1）不適切である。老齢基礎年金の受給資格期間は満たしているものの老齢基礎年金の年金額を増やしたい場合など、日本国内に住所を有する60歳以上65歳未満の者は、任意加入被保険者となることができ、任意加入被保険者となった場合は厚生労働大臣に申し出ることにより、いつでもその資格を喪失することができる（国年法附則5条）。

2）不適切である。種別変更の届出は、原則として14日以内に行わなければならない（国年法12条、同法施行規則12条）。

3）不適切である。第2号被保険者の配偶者（配偶者自身が第2号被保険者である場合を除く）であって、主として第2号被保険者の収入により生計を維持する者（被扶養配偶者）のうち、20歳以上60歳未満の者が第3号被保険者に該当する。被扶養配偶者の認定は、健康保険法、国家公務員共済法等の被扶養者の認定の取扱いを勘案して日本年金機構が行うとされており、原則として、当該配偶者の年収が130万円未満（障害者の場合は、年収が180万円未満）であって、日本国内に住所を有し、かつ第2号被保険者の年収の2分の1未満である者が被扶養配偶者に該当する（同居の場合）。なお、第3号被保険者の国内居住要件には例外があり、「海外特例要

件」に該当する場合は、手続をすることで第3号被保険者となることができる（国年法7条、同法施行令4条）。

4）適切である（国年法9条、民法143条）。

正解　4）

1−3　国民年金の被保険者（Ⅲ）

《問》国民年金の被保険者に関する次の記述のうち、最も適切なものはどれか。
1）第1号被保険者が、第2号被保険者に該当することなく60歳の誕生日を迎えた場合は、60歳の誕生日当日に第1号被保険者の資格を喪失する。
2）第1号被保険者は、日本国内に住所を有する20歳以上60歳未満の自営業者、農林漁業者、学生、無職の者などのうち、日本国籍を有する者のみが該当する。
3）第2号被保険者の配偶者であって第2号被保険者が加入する健康保険の被扶養者と認定された63歳の者は、第3号被保険者となる。
4）日本国内に住所を有し、被用者年金制度の老齢年金の受給権を有していない者（1965（昭和40）年4月1日以前に生まれた者に限る）で、かつ、老齢基礎年金の受給資格期間を満たしていないときは、65歳以上70歳未満の者で厚生年金保険の被保険者でない場合、老齢基礎年金の受給資格期間を満たすまでの期間、特例により国民年金の任意加入被保険者となることができる。

・解説と解答・

1）不適切である。「年齢計算ニ関スル法律」により、60歳に到達した日となる60歳の誕生日の前日に第1号被保険者の資格を喪失する（国年法9条3号、民法143条）。
2）不適切である。第1号被保険者については、原則として20歳以上60歳未満の者が該当し、国内居住要件が問われるが国籍要件はなく、日本国籍を有している必要はない（国年法7条1項）。
3）不適切である。第3号被保険者は、第2号被保険者の被扶養配偶者で、20歳以上60歳未満の者である（国年法7条、同法施行令4条）。
4）適切である。なお、特例任意加入被保険者となれるのは、日本国内に居住する場合は国籍を問わないが、海外に居住している場合は日本国籍を有する者に限られる（国年法附則5条、附則（平6・法95号）11条、附則（平16・法104号）23条）。

正解　4）

1－4　老齢基礎年金の受給資格期間

《問》老齢基礎年金の受給資格期間に関する次の記述のうち、最も不適切なものはどれか。

1）保険料納付済期間には、第1号被保険者として保険料の納付が免除された期間について、後に保険料を追納した期間は含まれない。

2）日本国籍を有する者であって海外に居住していた1961（昭和36）年4月1日以後の期間のうち、国民年金に任意加入できる期間に任意加入しなかった期間を含めて、20歳以後60歳未満の期間は合算対象期間とされる。

3）第2号被保険者であった期間のうち20歳未満の期間および60歳以後の期間は、合算対象期間とされる。

4）50歳未満の者に適用される保険料納付猶予制度の適用を受けた期間は、老齢基礎年金の受給資格期間には算入されるが年金額には反映されない。

・解説と解答・

1）不適切である。保険料納付済期間とは、第1号被保険者であった期間のうち、追納により納付した期間を含んだ保険料の全額を納付した期間のことである（国年法5条1項、94条4項）。

2）適切である。1961（昭和36）年4月1日～1986（昭和61）年3月31日までの間は、その当時日本国籍を有する者であっても海外居住期間は国民年金に任意加入することができなかったため、この期間も20歳以後60歳未満の間は、受給資格期間をみるときは合算対象期間とされる。また、1986（昭和61）年4月からは日本国籍のある者は、国民年金に任意加入できることとなったため、任意加入しなかった期間は、合算対象期間とされる。つまり、1961（昭和36）年4月1日以後の海外在住期間で20～60歳未満の間は、合算対象期間とされる（国年法附則（昭60・法34号）8条5項）。

3）適切である（国年法附則（昭60・法34号）8条4項）。

4）適切である（国年法附則（平16・法104号）19条、附則（平26・法64号）14条）。2030年6月までの経過措置である。

正解　1）

1-5 国民年金の保険料と保険料免除

《問》国民年金の保険料に関する次の記述のうち、最も不適切なものはどれか。

1) 2024年度の国民年金の定額保険料は月額16,980円であるが、保険料は前納することができ、前納した場合は、前納期間に応じて保険料の割引がある。
2) 保険料の納期限が過ぎた場合、原則として、納期限から2年を経過した未納保険料については、時効により納めることができなくなる。
3) 保険料の全額免除（産前産後期間の免除ではないものとする）の適用を受けた期間は、老齢基礎年金の受給資格期間には含まれるが、年金額には反映されない。
4) 国民年金の第1号被保険者で一定の学校に在籍する学生については、被保険者（学生）本人の所得が一定額以下の場合、在学中の国民年金の保険料の納付が猶予される学生納付特例制度がある。

・解説と解答・

1) 適切である。国民年金の各年度の保険料は、法令上に規定されている額に物価や賃金の変動を加味した保険料改定率を乗じた額となり、2024年度の定額保険料は16,980円（保険料改定率0.999）となっている。国民年金の保険料は翌月の末日までに納付しなければならないが、一定期間（6カ月、1年、2年）の保険料を一括で前納することもできる。前納期間に応じて、割引率が異なる（例：2024年度分および2025年度分を口座振替で2年前納すると、16,590円の割引となる）（国年法87条3項、93条、同法施行令7条、8条、国民年金法による改定率の改定等に関する政令2条2項、厚生労働省「令和6年度における国民年金保険料の前納額について」）。
2) 適切である。なお、滞納等により保険料の支払がない場合、納付義務者に対して督促状を送付する行為は、時効の更新事由となり新たな時効期間が進行することとなる（国年法96条、102条4項、5項）。
3) 不適切である。2009（平成21）年3月以前の全額免除期間は老齢基礎年金額に3分の1反映され、2009（平成21）年4月以後の全額免除期間は老齢基礎年金額に2分の1反映される。なお、免除期間の保険料については10

年を限度に遡って追納することができる（国年法26条、27条8号、90条、94条、附則（平16・法104号）10条）。

4）適切である。学生納付特例制度の適用を受けた期間について保険料の追納があった場合は、その追納があった期間について老齢基礎年金の額に反映される。なお、追納がない場合には、保険料全額免除期間として受給資格期間に算入されるが、老齢基礎年金の額には反映されない（国年法5条3項、90条の3、94条）。

<u>正解　3）</u>

1－6　国民年金の保険料免除

《問》国民年金の保険料免除に関する次の文章の空欄①～③にあてはまる
語句等として、次のうち最も適切なものはどれか。

> 第1号被保険者は、経済的な理由等で国民年金保険料の納付が
> 困難な場合、申請により、保険料の免除を受けることができる。
> 保険料の免除には、全額免除、（　①　）、半額免除、（　②　）が
> あり、免除割合に応じて年金額が減額される。例えば、2009（平
> 成21）年4月以後に全額免除を受けた場合は、全額免除期間につ
> いては、保険料を全額納付した場合の年金額の（　③　）が支給
> される。なお、申請により国民年金保険料の免除を受けるために
> は、本人、配偶者、世帯主それぞれが所得基準を満たさなければ
> ならない。

1) ①4分の3免除　　②5分の1免除　　③3分の1
2) ①4分の3免除　　②4分の1免除　　③2分の1
3) ①3分の2免除　　②4分の1免除　　③3分の1
4) ①3分の2免除　　②3分の1免除　　③2分の1

・解説と解答・

　第1号被保険者は、経済的な理由等で国民年金保険料の納付が困難な場合、
申請により、保険料の免除を受けることができる。保険料の免除には、全額免
除、（①4分の3免除）、半額免除、（②4分の1免除）があり、免除割合に応
じて年金額が減額される。例えば、2009（平成21）年4月以後に全額免除を受
けた場合は、全額免除期間については、保険料を全額納付した場合の年金額の
（③2分の1）が支給される。なお、申請により国民年金保険料の免除を受け
るためには、本人、配偶者、世帯主それぞれが所得基準を満たさなければなら
ない（国年法27条、90条、90条の2）。なお、産前産後の保険料免除期間につ
いては、老齢基礎年金算出時に保険料納付済期間として扱われ、全額が年金額
に反映される（同法5条1項、88条の2）。

正解　2)

〈参考〉保険料免除の老齢基礎年金額への反映割合（2009年4月以後の期間）

免除の種類	年金額への反映割合
全額免除	2分の1
4分の3免除	8分の5
半額免除	4分の3
4分の1免除	8分の7

1－7　国民年金の給付

《問》国民年金の給付に関する次の記述のうち、最も不適切なものはどれ
　　か。

1）老齢基礎年金の受給資格期間には、保険料納付済期間と保険料免除
　　期間に加え、合算対象期間（カラ期間）が含まれる。

2）1964（昭和39）年４月２日生まれの者が、60歳に達する2024年４月
　　１日に老齢基礎年金の繰上げ支給を請求した場合の減額率は、繰上
　　げ請求月から65歳到達月の前月までの月数に0.4％を乗じて得た率
　　となる。

3）付加年金は、第１号被保険者または第３号被保険者であった期間中
　　に月額400円の付加保険料を納付した者が老齢基礎年金の受給権を
　　取得したときに、その者に支給される。

4）寡婦年金は、第１号被保険者として保険料納付済期間と保険料免除
　　期間を合算した期間が10年以上ある夫が、老齢基礎年金または障害
　　基礎年金を受給せずに死亡した場合に、所定の要件を満たす妻（事
　　実婚を含む）に対して、原則として60歳から65歳に達するまで支給
　　される。

・解説と解答・

1）適切である。老齢基礎年金を受給するためには、受給資格期間が10年以上
　必要となる。この受給資格期間には、保険料納付済期間と保険料免除期間
　に加え、合算対象期間（カラ期間）が含まれるとされる（国年法26条、附
　則９条）。

2）適切である。2022年４月より、2022年４月１日以後に60歳に達する1962
　（昭和37）年４月２日以後生まれの者については、繰上げ支給の減額率が
　１月当たり0.4％に改定された。ただし、1962（昭和37）年４月１日以前
　生まれの者については、従来どおり、減額率は１月当たり0.5％とされる
　（国年法附則９条の２、同法施行令12条）。

3）不適切である。付加年金は、付加保険料（月額400円）に係る保険料納付
　済期間を有する第１号被保険者または65歳未満の任意加入被保険者が老齢
　基礎年金の受給権を取得したときに、その者に支給される。第３号被保険
　者は、付加保険料の納付をすることはできない。なお、付加年金の年金額

は、「200円×付加保険料納付済月数」である（国年法43条、44条、87条の
2、附則5条9項）。

4）適切である。なお、寡婦年金を受給することができる妻の要件としては、
死亡した夫に生計を維持されていたこと、10年以上継続して婚姻関係（事
実婚関係の期間を含む）にあったことなどが必要となる。また、2021年4
月1日以後の夫の死亡については、前述のとおり夫の年金受給状況による
寡婦年金が支給されない条件が統一され、老齢基礎年金または障害基礎年
金の支給を受けたことがある夫の死亡の場合は、寡婦年金が支給されない
こととなった。また、妻が繰上げ支給の老齢基礎年金の受給権を取得した
ときは、寡婦年金の受給権は消滅する（国年法49条、附則9条の2第5
項）。

<u>正解　3）</u>

1－8　老齢基礎年金・付加年金

《問》老齢基礎年金および付加年金に関する次の記述のうち、最も不適切なものはどれか。

1）老齢基礎年金を受給するためには、原則として10年以上の受給資格期間を満たす必要がある。

2）1957（昭和32）年5月20日生まれの者が、18歳から60歳になるまでの42年間厚生年金保険の被保険者として保険料を納付し、65歳から老齢基礎年金を受給している場合、2024年度の老齢基礎年金の年金額は816,000円である。

3）65歳到達時に老齢基礎年金の受給資格期間を満たしている者が、68歳到達日に老齢基礎年金の繰下げ支給の申出をした場合の老齢基礎年金の増額率は、18.0％となる。

4）老齢基礎年金の繰上げ支給の請求を行った場合、付加年金も老齢基礎年金と同様に繰上げ支給となり、老齢基礎年金の繰上げによる減額率と同率で年金額が減額される。

・解説と解答・

1）適切である。老齢基礎年金を受給するためには、従前、保険料納付済期間、保険料免除期間および合算対象期間（カラ期間）を合計した期間が25年以上なければならなかったが、2017年8月1日以降は当該期間が25年から10年に短縮された（国年法26条、附則9条）。

2）適切である。老齢基礎年金の年金額の計算の対象となる期間は、国民年金の保険料納付済期間（20歳以上60歳未満の厚生年金保険の被保険者期間を含む）や保険料免除期間であり、加入可能月数（480月）が限度となる。なお、2024年度は、年金額改定の参考指標である物価変動率が3.2％増、名目手取り賃金変動率が3.1％増となった。年金額改定ルールによれば、物価変動率が名目手取り賃金変動率を上回った場合、新規裁定者、既裁定者の年金額のどちらも名目手取り賃金変動率で改定することとされている。また、2024年度はマクロ経済スライド調整率▲0.4％減で調整も行われた。その結果、2024年度も2通りの年金額が存在することとなり、①新規裁定者（1957（昭和32年4月2日以後生まれの者）と②既裁定者のうち1956（昭和31）年4月2日〜1957（昭和32）年4月1日の間の生まれの者

の年金額は、どちらも816,000円、③既裁定者のうち1956（昭和31）年4月1日以前生まれの者の年金額は、813,700円となった。本肢の場合は新規裁定者に該当するため、老齢基礎年金の年金額は、816,000円となる（国年法27条の2、27条の3、27条の4、27条の5）。

3）不適切である。66歳に達する前に老齢基礎年金の請求をしなかった場合、66歳に達した日以後の希望するときから、老齢基礎年金の繰下げ支給の申出をすることができる。繰下げによる増額率は、「0.7％×繰下げた月数」となるため、68歳到達日に繰下げ支給の申出をした場合の増額率は「0.7％×36月＝25.2％」となる。なお、従来、繰下げによる増額率上限は42％（60月）とされていたが、2022年4月1日以後に70歳に達する者（1952年（昭和27）年4月2日以後生まれの者）については、繰下げ支給の上限年齢が75歳に引き上げられ、増額率上限も84％（120月）とされた（国年法28条、同法施行令4条の5）。

4）適切である。老齢基礎年金を繰上げ・繰下げした場合は、付加年金も同時に繰上げ・繰下げとなり、かつ、同率で減額・増額される（国年法28条、46条、87条の2、附則9条の2第6項、同法施行令4条の5、12条）。

正解　3）

1－9　老齢基礎年金の繰上げ支給・繰下げ支給（Ⅰ）

《問》老齢基礎年金の繰上げ支給・繰下げ支給に関する次の記述のうち、
　　最も適切なものはどれか。なお、各選択肢におけるいずれの者も、
　　受給資格期間等の条件は満たしているものとする。
　1）1961（昭和36）年9月10日生まれの者が、63歳到達月に老齢基礎年
　　金の繰上げ支給の請求をした場合、その減額率は16.8％である。
　2）1955（昭和30）年10月10日生まれの者が、71歳到達月に老齢基礎年
　　金の繰下げ支給の申出をした場合、その増額率は42％である。
　3）付加保険料納付済期間を有する1941（昭和16）年4月2日以後生ま
　　れの者が、老齢基礎年金の繰上げ支給の請求をした場合、付加年金
　　については、減額されずに満額が支給されることとなる。
　4）夫が受給している老齢厚生年金の加給年金額対象配偶者である1961
　　（昭和36）年11月3日生まれの妻が、63歳到達月に老齢基礎年金の
　　繰上げ支給の請求をした場合、妻が受給する繰上げ支給の老齢基礎
　　年金には、63歳から65歳になるまでの間、振替加算は行われない。

・解説と解答・

1）不適切である。1941（昭和16）年4月2日～1962（昭和37）年4月1日生
　まれの者の場合、繰上げ支給の減額率は1月当たり0.5％であり、本肢の
　場合は12％となる。なお、2022年4月1日以後に60歳に達する者（1962
　（昭和37）年4月2日以後生まれの者）が60歳以後に繰上げ支給を請求す
　る場合、その減額率は1月当たり0.4％である（国年法附則9条の2、同
　法施行令12条）。

2）不適切である。繰下げ支給の増額率は1月当たり0.7％であるため、本肢
　の場合の増額率は50.4％となる。なお、2022年4月より、2022年4月1日
　以後に70歳に達する者（1952（昭和27）年4月2日以後生まれの者）が繰
　下げ支給を受けることのできる年齢が75歳までとされ、この場合の増額率
　上限は84％（120月）となった（国年法28条、同法施行令4条の5）。な
　お、2023年4月1日より、1952年（昭和27）4月2日以後生まれの者を対
　象に、70歳到達後80歳未満の間で年金請求手続をした場合で、繰下げ支給
　の申出をせずに遡って年金受給を希望する場合（本来請求）、5年前に繰
　下げ支給の申出をしたとみなした増額率が適用された年金の過去5年分を

遡って受給することができる「特例的な繰下げみなし増額制度」が開始された。本肢のように71歳到達月に手続をした場合は、71歳0月での繰下げ支給の申出、または、繰下げの支給の申出をせず本来請求で5年前の66歳0月での繰下げ支給の申出をしたものとみなされる制度の2通りの選択肢があることになる（同法28条5項）。

3）不適切である。付加年金についても、繰上げ支給の老齢基礎年金の減額率と同じ減額率となる。なお、繰下げ支給についても同様である（国年法28条、46条、附則9条の2第6項、同法施行令4条の5、12条）。

4）適切である。老齢基礎年金の繰上げ支給を受けている場合、65歳になるまでの間は振替加算は行われず、65歳から減額されずに振替加算額が支給される（国年法附則9条の2、附則（昭和60・法34号）14条）。

<u>正解　4）</u>

1-10 老齢基礎年金の繰上げ支給・繰下げ支給（Ⅱ）

《問》老齢基礎年金の繰上げ支給および繰下げ支給に関する次の記述のうち、最も適切なものはどれか。なお、各選択肢におけるいずれの者も、受給資格期間等の条件は満たしているものとする。

1）老齢基礎年金の繰上げ支給を受けている者が、63歳到達月に配偶者の死亡により遺族厚生年金の受給権を取得した場合、その者は、その時から繰上げ支給の老齢厚生年金と遺族基礎年金を併せて受給することができる。

2）夫が受給している老齢厚生年金の加給年金額対象配偶者である1960（昭和35）年10月5日生まれの妻が、63歳到達月に老齢基礎年金の繰上げ支給を請求した場合、妻が63歳から受給する老齢基礎年金には振替加算は行われない。

3）1962（昭和37）年8月10日生まれの女性（第1号厚生年金被保険者）が62歳到達月に特別支給の老齢厚生年金を請求する際に、同時に老齢基礎年金の繰上げ支給を請求する場合、その女性は、老齢基礎年金の全部繰上げまたは一部繰上げのいずれかを選択することができる。

4）付加保険料納付済期間を有し、65歳到達時に老齢基礎年金の受給資格期間を満たしている1954（昭和29）年9月20日生まれの者が、68歳10月に老齢基礎年金の繰下げ支給の申出をした場合の増額率は、老齢基礎年金および付加年金ともに23.0％である。

・解説と解答・

1）不適切である。本肢の場合、65歳に達するまでの間は、繰上げ支給の老齢基礎年金か遺族厚生年金かのいずれか1つを選択することとなる（国年法20条、附則9条の2の4）。

2）適切である。妻が受給する繰上げ支給の老齢基礎年金には、妻が65歳になるまで振替加算は行われない（国年法附則9条の2、附則（昭60・法34号）14条）。

3）不適切である。1962（昭和37）年8月10日生まれの女性（第1号厚生年金被保険者）は、原則として、特別支給の老齢厚生年金の定額部分は支給されないため、老齢基礎年金の一部繰上げの請求をすることはできず、全部

繰上げをすることになる。なお、原則として、特別支給の老齢厚生年金の定額部分が61~64歳の間に支給開始される者または65歳未満は支給されない者で、次の①または②のいずれかに該当する者は、男性が1941（昭和16）年４月２日〜1961（昭和36）年４月１日生まれ、女性が1946（昭和21）年４月２日〜1966（昭和41）年４月１日の間の生まれであっても、特例として報酬比例部分の受給開始年齢から「報酬比例部分」と「定額部分」をあわせた特別支給の老齢厚生年金を受給することができる。なお、③に該当する者は、当然に支給開始年齢に達したときから「報酬比例部分」と「定額部分」をあわせた特別支給の老齢厚生年金を受給することができる。また、①〜③に該当する者で、定額部分と報酬比例部分をあわせた特別支給の老齢厚生年金の支給開始年齢が61〜64歳に引き上げられた者（男性は、1953（昭和28）年４月２日〜1961（昭和36）年４月１日の間の生まれの者、女性または坑内員・船員の場合は、1958（昭和33）年４月２日〜1966（昭和41）年４月１日の間の生まれの者）は、当該支給開始年齢に達する前に老齢基礎年金の一部繰上げの請求をすることができる（国年法附則９条の２の２、同法施行令12条の２、厚年法附則８条、附則８条の２）。

①厚生年金保険の被保険者期間が44年以上の者（既に被保険者資格を喪失している場合に限る）

②障害の状態（障害厚生年金の１級から３級程度）にあることを申し出た者（既に被保険者資格を喪失している場合に限る）

③厚生年金保険の被保険者期間のうち、坑内員または船員であった期間が15年以上ある者

４）不適切である。繰下げ支給の増額率は「0.7％×繰下げ月数」により算出する。したがって、本肢における老齢基礎年金および付加年金に適用される増額率は、32.2％である（国年法28条、同法施行令４条の５）。

正解　２）

1－11　遺族基礎年金・遺族厚生年金

《問》遺族基礎年金および遺族厚生年金に関する次の記述のうち、最も適切なものはどれか。

1 ）夫が死亡し、現在45歳の子のある配偶者に支給される遺族基礎年金の額（2024年度価額）は、「816,000円＋子の加算」で算出され、子の加算は、第1子から第3子までは1人につき、234,800円が加算される。

2 ）遺族基礎年金を受給することができる遺族の範囲は「子のある配偶者」または「子」であり、妻が死亡した場合に遺族となった「子のある夫」は、所定の要件を満たせば、遺族基礎年金を受給することができる。

3 ）遺族厚生年金の基本年金額は、原則として、死亡した被保険者等の厚生年金保険の被保険者記録を基礎として計算した老齢厚生年金の報酬比例部分の額の3分の2相当額である。

4 ）夫が厚生年金保険の被保険者期間中に死亡し、40歳以上65歳未満の妻が遺族厚生年金の受給権のみを取得した場合、死亡した夫の厚生年金保険の被保険者期間が20年未満であれば、その妻に支給される遺族厚生年金に中高齢寡婦加算額は加算されない。

・解説と解答・

1 ）不適切である。現在45歳の子のある配偶者（新規裁定者に該当）に支給される遺族基礎年金の額は、「816,000円＋子の加算」（2024年度価額）であり、子の加算は、第1子および第2子は1人につき234,800円（2024年度価額）、第3子以降は1人につき78,300円（2024年度価額）である（国年法38条、39条、国民年金法による改定率の改定等に関する政令1条）。

2 ）適切である。2014年4月以後、遺族基礎年金を受給することができる遺族の範囲は、「子のある妻」から「子のある配偶者」に改正されている。なお、遺族基礎年金を受給することができる「子」とは、18歳到達年度の末日までにあるか、または20歳未満で障害等級1級または2級にある者をいう（国年法37条の2）。

3 ）不適切である。遺族厚生年金の基本年金額は、原則として、厚生年金保険の被保険者記録を基礎として計算した老齢厚生年金の報酬比例部分の額の

　4分の3相当額となる。ただし、短期要件では、その報酬比例部分の計算の基礎となる被保険者期間の月数が300月に満たないときは、300月とみなして年金額が計算される（厚年法60条）。

4）不適切である。中高齢寡婦加算額は、長期要件の遺族厚生年金の場合は死亡した者の被保険者期間が20年以上なければ加算されないが、短期要件の遺族厚生年金の場合は死亡した者の実際の被保険者期間の長短は問われない。つまり、厚生年金保険の被保険者期間中の死亡などの短期要件の場合は、死亡した被保険者の厚生年金加入月数を300月（25年）とみなして遺族厚生年金が計算されるため、妻が受給する遺族厚生年金には、年齢要件を満たしていれば、中高齢寡婦加算が加算される（厚年法62条、附則（昭60・法34号）61条）。

正解　2）

1-12 遺族厚生年金

《問》遺族厚生年金に関する次の記述のうち、最も適切なものはどれか。

1) 障害等級2級の障害厚生年金の受給権者が厚生年金保険の被保険者資格喪失後に死亡した場合は、遺族厚生年金の支給要件として、当該障害厚生年金の受給権者であった者に係る保険料納付要件が問われる。

2) 夫の死亡により遺族厚生年金の受給権者となった38歳の妻が、遺族基礎年金の支給を受けることができない場合、妻に支給される遺族厚生年金には、中高齢寡婦加算が加算される。

3) 遺族厚生年金の支給を受けることができる遺族は、被保険者または被保険者であった者の配偶者、子、父母、孫、祖父母、兄弟姉妹であって、被保険者の死亡の当時、被保険者によって生計を維持されていた者である。

4) 配偶者以外の者に遺族厚生年金を支給する場合において、受給権者が2人以上であるときは、それぞれの遺族厚生年金の額は、遺族厚生年金の額を受給権者の数で除して得た額となる。

・解説と解答・

1) 不適切である。遺族厚生年金の支給要件は、次のとおり。

〈短期要件〉

①厚生年金保険の被保険者が死亡したとき

②厚生年金保険の被保険者資格喪失後、被保険者期間中に初診日のある傷病で、初診日から5年以内に死亡したとき

③障害等級1級または2級に該当する障害厚生年金の受給権者が死亡したとき

〈長期要件〉

④老齢厚生年金の受給権者（保険料納付済期間、保険料免除期間および合算対象期間（カラ期間）を合算した期間が25年以上である者に限る）または保険料納付済期間、保険料免除期間および合算対象期間（カラ期間）を合算した期間が25年以上である者が死亡したとき

上記①②の場合は、死亡した者について、死亡日の前日において、死亡日の属する月の前々月までに国民年金の被保険者期間があり、かつ、

　　当該被保険者期間に係る保険料納付済期間および保険料免除期間を合算
　　した期間が当該被保険者期間の3分の2以上である必要がある（厚年法
　　58条、附則14条）。
　　　障害等級1級または2級の障害厚生年金の受給権者の死亡について
　　は、保険料納付要件を問わない。

2）不適切である。遺族厚生年金に中高齢寡婦加算が加算される要件は、死亡
　　した夫の厚生年金保険の被保険者期間が原則20年以上ある場合、または厚
　　生年金保険の被保険者期間中の死亡等による短期要件で遺族厚生年金が支
　　給される場合で、夫の死亡当時40歳以上65歳未満の妻に支給される遺族厚
　　生年金に加算される。また、子のある妻が夫の死亡当時40歳未満の場合
　　で、同時に遺族基礎年金を受給できる場合は、遺族基礎年金の受給権が消
　　滅したとき（原則として子が18歳に達した年度末になったとき、または子
　　が障害等級1級または2級に該当する場合は20歳に達したとき）に、妻が
　　40歳以上であった場合は、その時から65歳に達するまでの間、中高齢寡婦
　　加算が加算される。つまり、夫の死亡当時妻が40歳未満で、子がない場合
　　は遺族厚生年金に中高齢寡婦加算は加算されない。子とは、18歳になった
　　年度の3月31日までの間にある子、または、20歳未満で障害等級1級また
　　は2級の障害状態にある子で、婚姻をしていない子をいう（厚年法62条、
　　附則（昭60・法34号）61条）。なお、夫の死亡当時に30歳未満で、子のな
　　い妻に対する遺族厚生年金は、5年間の有期年金である（厚年法63条1項
　　5号）。

3）不適切である。遺族厚生年金の支給を受けることができる遺族は、被保険
　　者または被保険者であった者の配偶者、子、父母、孫、祖父母である。兄
　　弟姉妹は含まれない。ただし、妻以外の者はその他の要件に該当する必要
　　があり、夫、父母または祖父母については年齢が死亡当時55歳以上である
　　こと、子または孫については18歳に達する日以後最初の3月31日までの間
　　にあるか、20歳未満で障害等級の1級または2級に該当し、かつ婚姻をし
　　ていないことが要件とされる（厚年法58条、59条）。

4）適切である（厚年法60条2項）。

正解　4）

1－13　障害基礎年金

《問》障害基礎年金に関する次の記述のうち、最も適切なものはどれか。
なお、初診日前に保険料を納付しなければならない期間がある場合
については、保険料納付要件を満たしているものとする。

1）国民年金の被保険者期間中に初診日のある傷病によって、障害認定
　日に1級、2級または3級の障害の状態にあるときは、障害基礎年
　金が支給される。

2）40歳の厚生年金保険の被保険者が、厚生年金保険の被保険者期間中
　に初診日のある傷病によって、障害認定日に1級または2級の障害
　の状態にあるときは、障害基礎年金と障害厚生年金が併せて支給さ
　れる。

3）障害基礎年金の加算額の対象となる子とは、障害基礎年金の受給権
　取得日において受給権者によって生計を維持している子（18歳到達
　年度末日までの間にある子、および20歳未満で障害等級の1級また
　は2級に該当する子）で、かつ、現に婚姻していない子に限られ
　る。

4）20歳未満の時期に初診日のある傷病によって1級または2級の障害
　の状態にある場合には、障害基礎年金の支給対象とはならない。

・解説と解答・

1）不適切である。国民年金の被保険者期間中に初診日のある傷病によって、
　障害認定日に1級または2級の障害の状態にあるときは、障害基礎年金が
　支給される（国年法30条）。また、厚生年金保険の被保険者期間中に初診
　日のある傷病によって、障害認定日に1級、2級または3級の障害の状態
　にあるときは、障害厚生年金が支給される（厚年法47条）。したがって、
　障害基礎年金は、障害厚生年金と異なり、1級または2級の障害がある場
　合が支給対象となる。

2）適切である。なお、老齢基礎年金の受給資格期間を満たしている厚生年金
　保険の被保険者が65歳から70歳に達する間に初診日のある傷病により障害
　等級1級または2級の障害厚生年金を受給することとなった場合は、障害
　基礎年金は併給されない。これは、原則として65歳到達日以後は、厚生年
　金保険の被保険者であっても、国民年金の第2号被保険者とされないため

である（厚年法47条、国年法30条）。

3）不適切である。障害基礎年金の受給権を取得した日の翌日以後に生計を維持することになった子についても、加算額の対象となる。その場合は、当該子について生計を維持することになった日の属する月の翌月分から、障害基礎年金の額が改定される（国年法33条の2第1項、第2項）。

4）不適切である。20歳未満の時期に初診日のある傷病であっても、20歳に達したときに（障害認定日が20歳に達した日後であればその障害認定日に）、1級または2級の障害の状態にあるときは、障害基礎年金が支給される（国年法30条の4）。

<u>正解　2）</u>

1－14　障害厚生年金

《問》障害厚生年金に関する次の記述のうち、最も適切なものはどれか。

1）障害認定日は、原則として障害の原因となった傷病の初診日から起算して1年を経過した日とされるが、1年以内に傷病が治った場合はその治った日とされる。

2）障害の原因となった傷病の初診日が2026（令和8）年4月1日前にある場合、初診日の属する月の前々月までの直近1年間に国民年金の保険料滞納期間がないときは保険料納付要件を満たしているものとして取り扱う特例は、初診日において60歳未満であった者に限り適用される。

3）障害等級の3級に該当する場合の障害厚生年金の額は、受給権者その者によって生計を維持していた一定の要件を満たす配偶者がいる場合、障害厚生年金の額に加給年金額を加算した額が支給される。

4）同一の事由により、障害厚生年金と労働者災害補償保険法の規定による障害補償年金の両方が支給される場合、障害厚生年金は全額支給されるが、障害補償年金は減額される。

・解説と解答・

1）不適切である。障害認定日は、原則として障害の原因となった傷病の初診日から起算して1年6カ月を経過した日とされるが、1年6カ月以内に傷病が治った場合は、その治った日が認定日とされる（厚年法47条）。

2）不適切である。保険料納付要件の特例の規定は、障害の原因となった傷病の初診日が2026（令和8）年4月1日前にある場合、初診日において65歳未満の者に対して適用される（厚年法47条、附則（昭60・法34号）64条）。

3）不適切である。障害厚生年金の額に配偶者の加給年金額の加算が行われるのは、障害等級1級または2級に該当する者に支給される障害厚生年金である。なお、障害等級1級または2級の障害厚生年金の受給権を取得した日の翌日以後に生計を維持することになった65歳未満の配偶者も、その時から加給年金額の加算対象となる（厚年法50条の2）。

4）適切である。障害に係る労働者災害補償保険法による年金給付（労災年金）には、業務上災害に基づく障害補償年金と通勤災害に基づく障害年金があり、どちらも併給調整の対象となる。また、同一の事由による労災年

金と障害厚生年金および障害基礎年金（または、どちらか一方）が併給される場合、障害厚生年金および障害基礎年金は全額支給され、労災年金が調整率で減額され、全額を受給することはできない（労災保険法15条2項、22条の3第3項、別表第1）。

正解　4）

1－15　厚生年金保険の被保険者等

> 《問》厚生年金保険の被保険者等に関する次の記述のうち、最も不適切な
> ものはどれか。
> 1 ）厚生年金保険では、常時 5 人以上の従業員を使用する法人の事業所
> は強制適用事業所となり、常時 4 人以下の従業員を使用する法人の
> 事業所は任意適用事業所となる。
> 2 ）厚生年金保険の適用事業所に常時使用される70歳未満の者は、原則
> として厚生年金保険の被保険者となる。
> 3 ）厚生年金保険の適用事業所である法人の代表取締役等であって、法
> 人から労務の対償として報酬を受けている70歳未満の者は、原則と
> して厚生年金保険の被保険者となる。
> 4 ）厚生年金保険の適用事業所に常時使用される70歳未満の短時間労働
> 者（パートタイマーなど）であっても、一定の要件を満たせば厚生
> 年金保険の被保険者となる。

・解説と解答・

1 ）不適切である。法人の事業所は、従業員がいない場合であっても、常勤の
　社長が 1 人いるだけで強制適用事業所となる。個人事業主の場合、法定17
　業種の事業所であって、常時 5 人以上の従業員を使用する場合は強制適用
　事業所となる。なお、2022年10月 1 日より、従来の法定16業種に新たに 1
　業種（弁護士、公認会計士等の法律または会計に係る業務を行う10の士
　業）が追加され、計17業種となった（厚年法 6 条）。
2 ）適切である。厚生年金保険の強制加入被保険者についての記述である。な
　お、「使用される者」とは、適用事業所で働き、労務の対償として給料や
　賃金を受け取っている者、つまり一般的に従業員をさす。また、法人・団
　体の取締役・理事など法人の代表者や業務執行者についても、法人に対し
　て労務を提供して報酬が支払われるものとみなし、厚生年金保険の強制加
　入被保険者とされる。なお、短時間労働者（パートタイマーなど）につい
　ては、労働時間等の所定の要件を満たす場合は、厚生年金保険の強制加入
　被保険者とされる（厚年法 9 条、12条）。
3 ）適切である。解説 2 ）を参照。
4 ）適切である。短時間労働者（パートタイマーなど）については、原則とし

て「１週間の所定労働時間が一般従業員の４分の３以上であること、および、１カ月の所定労働日数が一般従業員の４分の３以上であること」に該当する場合、厚生年金保険の被保険者となる。このほかに、①１週間の所定労働時間が20時間以上であること、②その事業所に２カ月を超えて継続して使用されることが見込まれること、③月額給与が88,000円以上（賞与、残業代等は含めない）、④学生等でないこと、⑤常時101人以上使用する事業所（特定適用事業所という）に使用されていること、または従業員数が常時100人以下の事業所で使用されていて、社会保険に加入することについて労使で合意されている事業所（任意適用事業所という）に使用されていること、以上の①〜⑤の要件をすべて満たす者は、厚生年金保険の被保険者となる。なお、2024年10月１日からは、前述の短時間労働者が被保険者となる要件のうち⑤の「常時101人以上使用する」が「常時51人以上使用する」に改正される予定である（厚年法12条５号、公的年金制度の財政基盤及び最低保障機能の強化等のための国民年金法等の一部を改正する法律附則（平24・法62号）17条、年金制度の機能強化のための国民年金法等の一部を改正する法律９条、10条）。

正解　1）

1－16 特別支給の老齢厚生年金

《問》特別支給の老齢厚生年金に関する次の記述のうち、最も適切なものはどれか。なお、各選択肢におけるいずれの者も、受給資格期間等の条件は満たしているものとする。

1）1962（昭和37年）年12月1日生まれの女性で厚生年金保険の被保険者期間（第1号厚生年金被保険者期間）が1年以上ある場合、特別支給の老齢厚生年金の報酬比例部分の支給開始年齢は、原則として63歳である。

2）厚生年金保険の被保険者期間の加入期間が44年以上ある1961（昭和36）年1月30日生まれの男性が、厚生年金保険の被保険者資格を喪失している場合、特別支給の老齢厚生年金の支給開始年齢到達時に支給される年金額は、被保険者月数を528月（44年）あるものとして算出された定額部分と報酬比例部分を合算した額で支給される。

3）第1号厚生年金被保険者の特別支給の老齢厚生年金の報酬比例部分の支給開始年齢は、男女とも1953（昭和28）年4月2日以後生まれの者から段階的に引き上げられている。

4）特別支給の老齢厚生年金の報酬比例部分のみを受給する場合でも、加給年金額の加算が行われる。

・解説と解答・

1）適切である。特別支給の老齢厚生年金の報酬比例部分の支給開始年齢の引上げは、女性（第1号厚生年金被保険者期間について）は男性より5年遅れで実施されており、1962（昭和37）年12月1日生まれの女性の場合、原則として63歳となる。なお、女性であっても第2～4号厚生年金被保険者期間がある場合、第2～4号厚生年金被保険者期間に基づく特別支給の老齢厚生年金の報酬比例部分の支給開始年齢は、男性と同一である（厚年法附則8条、8条の2）。

2）不適切である。特別支給の老齢厚生年金の定額部分の額を計算する際の被保険者期間の月数の上限は、受給権者の生年月日に応じて異なり、1946（昭和21）年4月2日以後生まれの者については480月が上限となる。本肢の男性は、厚生年金保険の被保険者期間が528月（44年）以上あり厚生年金保険の被保険者資格を喪失しているため特例的に定額部分を含む特別支

給の老齢厚生年金の支給対象となるが、その定額部分の額の算出には、上限である480月が用いられる（厚年法附則（昭60・法34号）59条2項、附則（平6・法95号）18条）。

3）不適切である。特別支給の老齢厚生年金の報酬比例部分の支給開始年齢の引上げは、男性は1953（昭和28）年4月2日以後生まれの者から、女性（第1号厚生年金被保険者）は1958（昭和33）年4月2日以後生まれの者から実施されている（厚年法附則8条、8条の2）。

4）不適切である。加給年金額は、特別支給の老齢厚生年金の定額部分の受給開始時または65歳以後の老齢厚生年金の受給開始時から、所定の要件を満たす者に加算される。したがって、特別支給の老齢厚生年金の報酬比例部分だけを受給している間は、加給年金額は加算されない。なお、加給年金額の受給要件は、次のとおり（厚年法44条、附則9条）。

　・原則として、受給権者の厚生年金保険の被保険者期間が20年以上であること

　・受給権者が加給年金額の加算対象者の生計を維持していること

　　また、加給年金額の加算対象者とは、「65歳未満の配偶者（事実婚関係にある者を含む）」または「18歳到達年度末までの子、または障害の程度が障害等級1級または2級の状態にある20歳未満の子」である。

正解　1）

1－17 老齢厚生年金（Ⅰ）

《問》老齢厚生年金に関する次の記述のうち、最も適切なものはどれか。
なお、各選択肢において、ほかに必要とされる要件等はすべて満た
しているものとする。
 1) 1961（昭和36）年 5 月10日生まれの男性 A さんは、原則として、64
    歳から報酬比例部分のみの特別支給の老齢厚生年金を受け取ること
    ができる。
 2) 1962（昭和37）年10月 2 日生まれの男性で、厚生年金保険の被保険
    者期間が20年以上ある B さんが65歳から老齢厚生年金を受給する
    場合において、 B さんと生計維持関係にある年下の妻が所定の要件
    を満たしていれば、 B さんの老齢厚生年金には、妻が65歳になるま
    での間、配偶者の加給年金額が加算される。
 3) 老齢厚生年金の繰下げ支給の申出をした C さんに加給年金額の対象
    となる配偶者がいる場合、加給年金額は老齢厚生年金の繰下げによ
    る増額率と同率で増額される。
 4) D さんが66歳に達する前に、老齢基礎年金および老齢厚生年金の裁
    定請求をしていなかった場合、原則として、繰下げ支給の申出をす
    ることができるが、その場合は老齢基礎年金と老齢厚生年金を同時
    に繰り下げる必要がある。

・解説と解答・

 1) 不適切である。特別支給の老齢厚生年金の支給開始年齢は、順次引き上げ
    られている。1961（昭和36）年 4 月 2 日以後生まれの男性（第 1 号厚生年
    金被保険者の女性は 5 年遅れ）には、特別支給の老齢厚生年金は支給され
    ず、老齢厚生年金の支給開始年齢は老齢基礎年金と同様に65歳からとなる
    （厚年法42条、同法附則 8 条、 8 条の 2 ）。
 2) 適切である。 B さんは、厚生年金保険の被保険者期間が20年以上あり、 B
    さんと年下の妻には生計維持関係があることから、加給年金額の支給要件
    を満たしている（厚年法44条）。
 3) 不適切である。老齢厚生年金の繰下げをしても、加給年金額は増額率の適
    用はない（厚年法44条の 3 第 4 項）。
 4) 不適切である。繰下げ支給の申出は、老齢基礎年金のみ、または老齢厚生

年金のみというように、それぞれ単独で行うことができる。また、老齢基礎年金と老齢厚生年金について同時に繰下げ支給の申出をすることもできる。なお、老齢厚生年金の繰上げ支給の請求をすることができる者が繰上げ支給の請求をする場合は、同時に老齢基礎年金の繰上げ支給の請求を行う必要がある（厚年法44条の3、附則7条の3第2項、国年法28条、附則9条の2第2項）。

正解　2）

1−18　老齢厚生年金（Ⅱ）

《問》老齢厚生年金に関する次の記述のうち、最も不適切なものはどれ
　　か。
1）1966（昭和41）年4月2日以後に生まれた女性には、原則として特
　　別支給の老齢厚生年金は支給されない。
2）1954（昭和29）年4月2日以後に生まれた女性に特別支給の老齢厚
　　生年金が支給される場合、原則として、報酬比例部分のみが支給さ
　　れる。
3）特別支給の老齢厚生年金と雇用保険法による基本手当との調整対象
　　期間は、厚生年金保険法の定めによれば、基本手当の支給開始月か
　　ら基本手当の所定給付日数分の給付を受け終わった日の属する月ま
　　でである。
4）障害基礎年金の受給権者が65歳到達時に老齢厚生年金の受給権を有
　　することになった場合、当該受給権者は、自身の選択により老齢厚
　　生年金と障害基礎年金の組合せで年金を受給することができる。

・解説と解答・

1）適切である。原則として特別支給の老齢厚生年金が支給されるのは、男性
　　は1961（昭和36）年4月1日生まれまで、女性は1966（昭和41）年4月1
　　日生まれまでである（厚年法附則8条、附則8条の2）。
2）適切である。なお、障害者の特例または長期加入者の特例（いずれも厚生
　　年金保険の被保険者資格を喪失している場合に限る）もしくは坑内員・船
　　員の特例に該当した場合は、特例支給開始年齢に達したときから報酬比例
　　部分に加えて定額部分も支給される（厚年法附則8条、8条の2、9条の
　　2）。
3）不適切である。特別支給の老齢厚生年金と雇用保険の基本手当を同時に受
　　給することはできない。特別支給の老齢厚生年金と雇用保険の基本手当と
　　の調整対象期間は、ハローワークで求職の申込みを行った月の翌月から所
　　定給付日数に相当する日数分の基本手当を受給し終わった日の属する月、
　　または失業給付（基本手当）の受給期間が経過するに至った月のいずれか
　　早い月までである（厚年法附則7条の4、附則8条、附則11条の5、雇用
　　保険法15条2項）。支給調整が終了した後に事後清算が行われ、支給停止

解除月がある場合は、遡って特別支給の老齢厚生年金が支給される。事後
清算は、「実際の基本手当支給日数÷30日（1未満の端数は、1に切上
げ）」を計算し、実際の年金支給停止月数からその数を控除して得られる
数が1以上の場合は、遡って解除された月数分の年金が支給される（「支
給停止解除月数＝実際の年金支給停止月数－実際の基本手当支給日数÷30
日」）（日本年金機構「雇用保険の給付を受けると年金が止まります！」）。

4）適切である。障害基礎年金（障害厚生年金）を受給している者が、老齢基
礎年金と老齢厚生年金の受給権を有することとなった場合は、65歳以後、
「障害厚生年金と障害基礎年金」、「老齢厚生年金と老齢基礎年金」、「老齢
厚生年金と障害基礎年金」のいずれかの組合せを選択して受給することが
できる（厚年法38条）。

正解　3）

1－19　在職老齢年金（Ⅰ）

《問》厚生年金保険の在職老齢年金制度に関する次の記述のうち、最も不適切なものはどれか。

1 ）基本月額が12万円、総報酬月額相当額が14万円の場合、老齢厚生年金は全額が支給される。

2 ）基本月額が16万円、総報酬月額相当額が50万円の場合、老齢厚生年金は月額8万円が支給停止となる。

3 ）厚生年金保険の被保険者である者について、2024年7月に係る標準報酬月額が30万円、その者が支払を受けた最近の標準賞与額が、2023年6月に60万円、2023年12月に60万円、2024年6月は賞与なしである場合、2024年7月に係る総報酬月額相当額は40万円となる。

4 ）2024年度中の厚生年金保険の被保険者期間中に受給する特別支給の老齢厚生年金と雇用保険の高年齢雇用継続基本給付金の併給調整が行われる場合、特別支給の老齢厚生年金の年金額から、最大で標準報酬月額の6％相当額が支給停止される。

● 解説と解答 ●

1 ）適切である。基本月額と総報酬月額相当額との合計額が支給停止調整額50万円（2024年度価額）以下であるので、老齢厚生年金は全額が支給される（厚年法46条、附則11条）。

2 ）適切である。基本月額と総報酬月額相当額の合計が支給停止調整額50万円（2024年度価額）超の場合、「（総報酬月額相当額＋基本月額－50万円）÷2」が支給停止となる（厚年法46条、附則11条）。なお、2022年4月より65歳以上の者については、在職中で厚生年金保険の被保険者であっても年金額の改定を定時に行う（年1回、10月分から）在職定時改定も導入された（同法43条2項）。在職定時改定により老齢厚生年金が増額されたときは、増額分を含めて在職支給停止の対象とされる。

3 ）不適切である。総報酬月額相当額は、「老齢厚生年金の受給権者が被保険者である日が属する月において、その者の標準報酬月額と、その月以前の1年間の標準賞与額の総額を12で除した額」を合算した額である。したがって、2024年7月に係る総報酬月額相当額は、「30万円＋60万円÷12＝35万円」となる。なお、本肢の場合、2023年6月の賞与は総報酬月額相当

額の計算の対象とならない（厚年法46条、附則 8 条、附則11条）。

4 ）適切である。厚生年金保険の被保険者期間中に特別支給の老齢厚生年金
（在職老齢年金）の支給を受けながら、同時に高年齢雇用継続基本給付金
の支給を受ける場合、特別支給の老齢厚生年金の一部が支給停止されるこ
とがある。支給停止される額は、標準報酬月額に一定の率を乗じて得た額
で、2024年度においてその上限は 6 ％である（厚年法附則 7 条の 5 第 1
項、11条の 6 第 1 項）。

正解　3 ）

1-20 在職老齢年金（Ⅱ）

《問》厚生年金保険の在職老齢年金制度に関する次の記述のうち、最も不適切なものはどれか。
1）総報酬月額相当額とは、老齢厚生年金の受給権者が被保険者である日が属する月における標準報酬月額とその月以前1年間の標準賞与額の総額を12で除して得た額との合算額である。
2）基本月額とは、老齢厚生年金の額（加給年金額、経過的加算額および繰下げ加算額を除く）を12で除して得た額である。
3）基本月額が15万円、ある月の総報酬月額相当額が36万円の場合、その月の老齢厚生年金は5,000円が支給停止となる。
4）基本月額が15万円、ある月の総報酬月額相当額が40万円の場合、その月の老齢厚生年金は3万5,000円が支給停止となる。

• 解説と解答 •

1）適切である（厚年法46条、附則8条、附則11条）。
2）適切である（厚年法46条、附則（昭60・法34号）59条2項、附則（昭60・法34号）62条1項）。
3）適切である。基本月額と総報酬月額相当額との合計額が支給停止調整額50万円（2024年度価額）を超える場合、「（総報酬月額相当額＋基本月額－50万円）÷2」が支給停止となる。したがって、本肢の場合は、その月の老齢厚生年金は5,000円が支給停止となる（厚年法46条、附則11条）。
4）不適切である。総報酬月額相当額と基本月額との合計額が支給停止調整額50万円（2024年度価額）を超える場合、「（総報酬月額相当額＋基本月額－50万円）÷2」が支給停止となり、本肢の場合は、その月の老齢厚生年金は2万5,000円が支給停止となる（厚年法46条、附則11条）。

<u>正解　4）</u>

１－21　厚生年金保険の分割制度

《問》離婚等の場合における厚生年金の分割制度に関する次の記述のうち、最も不適切なものはどれか。なお、各選択肢における当事者は、いずれも障害厚生年金の受給権者ではないものとする。
1）「合意分割」は、当事者の婚姻期間中の厚生年金保険の保険料納付記録（標準報酬）を当事者間で分割することを認めるもので、当事者間の合意または家庭裁判所の審判等に基づいて請求が行われることが必要である。
2）「第３号分割」では、第３号被保険者であった者の請求に基づき、制度施行後の国民年金の第３号被保険者期間に係る保険料納付記録（標準報酬）について、相手方の同意なしに、自動的に２分の１の分割が行われる。
3）「合意分割」については、当事者双方の対象期間標準報酬総額の合計額に占める第２号改定者（分割を受ける側）の持分割合（按分割合）の上限は定められていない。
4）「合意分割」により分割が行われた場合も、「第３号分割」により分割が行われた場合も、分割が老齢基礎年金の額に影響することはない。

・解説と解答・

1）適切である（日本年金機構「離婚時の厚生年金の分割（合意分割制度）」）。
2）適切である（日本年金機構「離婚時の厚生年金の分割（３号分割制度）」）。「第３号分割」は、第３号分割制度が施行された2008（平成20）年４月１日以降の第３号被保険者期間が対象となる。
3）不適切である。当事者双方の対象期間標準報酬総額の合計額に占める第２号改定者の持分割合（按分割合）は、２分の１以下の範囲内と定められている。なお、下限については、分割前の当事者双方の対象期間標準報酬総額の合計額に対する第２号改定者の対象期間標準報酬総額の割合を超えることとされている（厚年法78条の３）。
4）適切である。

<u>正解　3）</u>

1－22　公的年金等に係る税務（Ⅰ）

《問》公的年金に係る税務に関する次の記述のうち、最も不適切なものは
どれか。
1) 公的年金を受給する者が65歳未満で、公的年金以外に所得がなかっ
た場合、公的年金の収入金額の合計額が60万円以下であれば、公的
年金等に係る雑所得の金額は算出されない。
2) 公的年金を受給する者が65歳以上で、公的年金以外に所得がなかっ
た場合、公的年金の収入金額の合計額が110万円以下であれば、公
的年金等に係る雑所得の金額は算出されない。
3) 公的年金等の支払者に対して「公的年金等の受給者の扶養親族等申
告書」を提出している場合、公的年金等に係る源泉徴収税率（所得
税および復興特別所得税の合計）は10.21％である。
4) 公的年金等の収入金額が400万円以下であり、かつ、その年分の公
的年金等に係る雑所得以外の所得金額が20万円以下である場合は、
原則として、所得税の確定申告の必要はない。

・解説と解答・

1) 適切である。公的年金等を受給する者が65歳未満で、公的年金等に係る雑
所得以外の所得に係る合計所得金額が1,000万円以下の場合、公的年金等
の収入金額の合計額が60万円以下であれば、公的年金等に係る雑所得の金
額はゼロとなる（タックスアンサー No.1600）。
2) 適切である。公的年金等を受給する者が65歳以上で、公的年金等に係る雑
所得以外の所得に係る合計所得金額が1,000万円以下の場合、公的年金等
の収入金額の合計額が110万円以下であれば、公的年金等に係る雑所得の
金額はゼロとなる（タックスアンサー No.1600）。
3) 不適切である。2020年以降、「公的年金等の受給者の扶養親族等申告書」
の提出如何にかかわらず、復興特別所得税率を含めた源泉徴収税率は
5.105％である（タックスアンサー No.1600）。なお、「公的年金等の受給者
の扶養親族等申告書」を提出しない場合、障害者控除や配偶者控除等、各
種控除の適用を受けることができないため、申告書を提出した場合に比べ
て、該当する控除分、多くの所得税を源泉徴収される場合がある。
4) 適切である。ただし、外国の法令等に基づく年金等による収入がある受給

者の場合等は、この公的年金等に係る確定申告不要制度は適用されない（タックスアンサー No.1600）。

正解　3）

1−23　公的年金等に係る税務（Ⅱ）

《問》公的年金等に係る税務に関する次の記述のうち、最も適切なものは
どれか。
　1）公的年金を受給する者が65歳未満で、公的年金以外に所得がなかっ
　　た場合、公的年金の収入金額の合計額が80万円以下であれば、公的
　　年金等に係る雑所得の金額はゼロとなる。
　2）公的年金を受給する者が65歳以上で、公的年金以外に所得がなかっ
　　た場合、公的年金の収入金額の合計額が110万円以下であれば、公
　　的年金等に係る雑所得の金額はゼロとなる。
　3）公的年金として受給する年金のうち、遺族年金については相続税が
　　課されるが、障害年金については非課税とされる。
　4）個人年金保険契約（保険契約者、保険料負担者、被保険者および年
　　金受取人が同一の場合）に基づき受け取る年金については、公的年
　　金等に係る雑所得として、公的年金等控除が適用される。

・解説と解答・

1）不適切である。公的年金等を受給する人が65歳未満で、公的年金等に係る
　雑所得以外の所得に係る合計所得金額が1,000万円以下の場合、公的年金
　等の収入金額の合計額が60万円以下であれば、公的年金等に係る雑所得の
　金額はゼロとなる（タックスアンサー No.1600）。
2）適切である（タックスアンサー No.1600）。なお、受給権者の年齢は、「そ
　の年の12月31日」における年齢による。
3）不適切である。公的年金として受給する年金のうち、遺族年金や障害年金
　については、所得税や相続税は非課税とされる（タックスアンサー
　No.1605、2011）。
4）不適切である。個人年金保険契約（保険契約者、保険料負担者、被保険者
　および年金受取人が同一の場合）に基づき受け取る年金については、公的
　年金等以外の雑所得として所得税の課税対象となり、公的年金等控除は適
　用されない（タックスアンサー No.1610）。

<u>正解　2）</u>

1−24　確定給付企業年金（Ⅰ）

《問》確定給付企業年金に関する次の記述のうち、最も不適切なものはどれか。
1）年金として支給する老齢給付金は、終身または5年以上にわたり、年1回以上定期的に支給するものである必要がある。
2）規約において定めた場合には、老齢給付金と脱退一時金のほかに、障害給付金、遺族給付金を支給することができる。
3）年金として老齢給付金を受け取る場合は、所得税法上、その全額が公的年金等以外の雑所得として所得税の課税対象となる。
4）確定給付企業年金においては、規約で定めるところにより加入者も掛金を拠出することができ、所得税法上、その掛金は生命保険料控除の対象となる。

・解説と解答・

1）適切である。なお、規約で定めることにより、その全部または一部を一時金として支払うことも可能である（確定給付企業年金法33条、38条）。
2）適切である（確定給付企業年金法29条）。
3）不適切である。老齢給付金を年金として受け取る場合、加入者の掛金負担に係る分を除いて公的年金等に係る雑所得の扱いとなり、公的年金等控除の対象となる（所得税法35条3項3号、タックスアンサー No.1500）。
4）適切である。加入者本人の同意を前提に、加入者も掛金を拠出することができるが、加入者が拠出する掛金は、掛金の額の合計の2分の1を超えてはならない（確定給付企業年金法55条、同法施行令35条、所得税法76条、タックスアンサー No.5231）。

正解　3）

1-25　確定給付企業年金（Ⅱ）

《問》確定給付企業年金に関する次の記述のうち、最も適切なものはどれ
　　か。
　1）老齢給付金を受け取るための要件として、20年を超える加入者期間
　　　を規約で定めてはならない。
　2）年金として支給する老齢給付金は、終身または10年以上にわたり、
　　　年1回以上定期的に支給するものである必要がある。
　3）企業が規約型の確定給付企業年金を導入する場合、常時300人以上
　　　の加入者が必要となる。
　4）確定給付企業年金の加入者等が死亡してから3年以内に支給が確定
　　　した遺族給付金を当該加入者等の遺族が受け取った場合は、その遺
　　　族給付金に係る所得税や相続税は非課税とされる。

● 解説と解答 ●

1）適切である（確定給付企業年金法36条4項）。
2）不適切である。年金として支給する老齢給付金は、終身または5年以上に
　　わたり、年1回以上定期的に支給するものである必要がある。なお、規約
　　で定めることにより、その全部または一部を一時金として支払うことも可
　　能である（確定給付企業年金法33条、38条）。
3）不適切である。規約型の確定給付企業年金は法令上の人数要件はなく、人
　　数要件があるのは基金型の確定給付企業年金である（確定給付企業年金法
　　12条1項4号、同法施行令6条）。
4）不適切である。確定給付企業年金の加入者等が死亡してから3年以内に支
　　給が確定した遺族給付金を当該加入者等の遺族が受け取った場合は、みな
　　し相続財産として相続税の課税対象となる（相続税法3条1項2号、同法
　　施行令1条の3第4号、確定給付企業年金法47条）。

<u>正解　1）</u>

1－26　中小企業退職金共済（Ⅰ）

《問》中小企業退職金共済に関する次の記述のうち、最も不適切なものは
どれか。
1）中小企業退職金共済に加入するためには、事業者は、常時雇用する
　　従業員の数や資本金の額など、業種に応じて定められている中小企
　　業者の基準を満たす必要がある。
2）中小企業退職金共済において、中小企業者は、原則として、すべて
　　の従業員を被共済者として退職金共済契約を締結する必要がある
　　が、期間を定めて雇用される者や試用期間中の者などについては、
　　退職金共済契約を締結しなくてもよいとされる。
3）新しく中小企業退職金共済に加入する中小企業者には、掛金月額の
　　2分の1（従業員ごと上限5,000円）を加入後4カ月目から1年間、
　　国が助成する制度がある。
4）被共済者（従業員）が退職したときは、退職金が勤労者退職金共済
　　機構から中小企業者を経由して従業員に支給される。

・解説と解答・

1）適切である。一般業種（製造業・建設業等）の場合は、常時雇用する従業
　　員の人数が300人以下または資本金・出資金の額が3億円以下の法人であ
　　る事業主であれば、中小企業退職金共済に加入することができる（中退共
　　法2条、3条）。
2）適切である。期間を定めて雇用される者、季節的業務に雇用される者、試
　　用期間中の者、短時間労働者、休職中の者などを除き、原則としてすべて
　　の従業員を加入させる必要がある（中退共法3条3項、同法施行規則2
　　条）。なお、中小企業退職金共済に新規で加入しようとする場合は、既に
　　1年以上勤務している従業員については、一定の場合を除き、加入前の勤
　　務期間について1年単位で10年を限度に通算することができる（同法27
　　条）。
3）適切である。なお、掛金月額が18,000円以下の従業員の掛金を増額した場
　　合は、増額分の3分の1を増額月から1年間、国が助成する制度もある
　　（中退共法4条、23条、同法施行規則45条、46条）。
4）不適切である。被共済者（従業員）が退職した場合は、退職金が勤労者退

職金共済機構から一時金（または分割払）として従業員本人に直接支給される（中退共法10〜12条）。

正解　4）

1－27　中小企業退職金共済（Ⅱ）

《問》中小企業退職金共済において被共済者とすることができない者は、
　　次のうちどれか。
1）使用人兼務役員
2）事業主と生計を一にする同居の親族で、使用従属関係が認められる
　　者
3）小規模企業共済における共済契約者
4）短時間労働者

● 解説と解答 ●

1）従業員としての実態があり、退職金共済契約締結の拒絶理由に該当しない
　　ため、被共済者とすることができる（中退共法3条4項、同法施行規則3
　　条）。
2）退職金共済契約締結の拒絶理由に該当しないため、被共済者とすることが
　　できる。ただし、被共済者とする際には、使用従属関係等の確認のための
　　書類を提出する必要がある（中退共法3条4項、同法施行規則3条、4条
　　2項4号）。
3）退職金共済契約締結の拒絶理由となっているため、被共済者とすることが
　　できない（中退共法3条4項3号、同法施行規則3条3号、2条3号の
　　3）。
4）被共済者とすることができる。短時間労働者については、包括加入の適用
　　除外とされているが、退職金共済契約締結の拒絶理由には該当しないた
　　め、被共済者とすることもできる。ただし、被共済者とする際に、短時間
　　労働者であることの証明書（労働条件通知書の写しなど）を提出する必要
　　がある（中退共法3条3項6号、同法施行規則2条1号、3条、4条2項
　　3号）。

正解　3）

1－28　特定退職金共済

《問》特定退職金共済に関する次の記述のうち、最も不適切なものはどれ
か。
1）個人事業主は、特定退職金共済に加入することができない。
2）特定退職金共済の掛金は、加入事業主が全額を負担する。
3）特定退職金共済と中小企業退職金共済とは、一定の要件を満たせ
ば、重複して加入することができる。
4）特定退職金共済契約が解除されたときの解約手当金は、加入事業主
に支払われる。

・解説と解答・

1）適切である。特定退職金共済に加入できないのは、個人事業主のほか、事
業主と生計を一にする親族、法人の役員（使用人兼務役員を除く）等であ
る（所得税法施行令73条1項3号）。
2）適切である。特定退職金共済の掛金月額は、被共済者（従業員）1人につ
き30,000円以下である（所得税法施行令73条1項1号、6号）。
3）適切である。中退共との重複加入を禁止する法令上の規定はない。ただ
し、いずれの制度も原則としてすべての従業員を加入させる必要がある
（包括加入）。また、特定退職金共済は、中小企業退職金共済のように従業
員数・資本金の要件はない。なお、ほかの特定退職金共済制度との重複加
入は認められていない（東京商工会議所「特定退職金共済」、所得税法施
行令73条1項2号）。
4）不適切である。契約が解除されたときの解約手当金は、被共済者（従業
員）に支払われる（所得税法施行令73条1項1号）。なお、特定退職金共
済の解約手当金相当額を確定拠出年金に資産移換することはできない。

正解　4）

1－29　小規模企業共済（Ⅰ）

《問》小規模企業共済に関する次の記述のうち、最も不適切なものはどれか。

1）一般に、小規模企業共済に加入できる者は、常時使用する従業員数が20人以下（商業・サービス業（宿泊業・娯楽業を除く）等は5人以下）の一定の個人事業主または会社の役員等とされる。

2）掛金月額の減額は、事業経営の著しい悪化など、掛金の払込みを継続することが著しく困難であると認められる場合に限られている。

3）共済契約を解約した場合、掛金納付月数が所定の期間を超えていなければ、解約手当金の額は掛金合計額を下回ることとなる。

4）共済金（死亡事由以外）は、所定の要件を満たせばその全部を分割で受け取ることができ、分割して受け取った共済金は、公的年金等控除が適用される雑所得として扱われる。

・解説と解答・

1）適切である。なお、常時使用する従業員には家族従業員や臨時従業員等は含まれないとされている（小規模企業共済法2条、3条）。

2）不適切である。掛金の減額または増額申込みがあったときは、中小企業基盤整備機構はこれを承諾しなければならないこととなっており、理由を問わず、共済契約者が自由に減額することが可能である（小規模企業共済法8条1項）。

3）適切である。小規模企業共済の解約手当金は、共済契約が解約された時点において掛金納付月数が12カ月以上のときに受け取ることができる。解約手当金の額は、掛金納付月数に応じて、納付した掛金の80％から120％に相当する額であり、納付した掛金に対して100％以上の解約手当金を受け取ることができるのは、掛金納付月数が240カ月以上からである（小規模企業共済法12条3項、同法施行令4条、別表第二）。

4）適切である。共済金の額が300万円以上であること、請求事由が生じた時点で満60歳以上であることの両方を満たせば、分割受取を選択することができる。共済金の分割受取を選択した場合、分割された共済金は10年間または15年間にわたって年6回（1月、3月、5月、7月、9月、11月）支給される（小規模企業共済法9条1項、9条の3、同法施行規則10条の2

の2、所得税法35条3項3号、同法施行令82条の2第2項3号、タックス
アンサー No.1500)。

<u>正解　2）</u>

1－30　小規模企業共済（Ⅱ）

《問》小規模企業共済に関する次の記述のうち、最も不適切なものはどれか。

1）個人事業主が小規模企業共済の加入要件を満たしている場合であっても、当該事業の経営に携わる共同経営者は、小規模企業共済に加入することができない。

2）小規模企業共済の掛金は、所得税法上、全額が小規模企業共済等掛金控除の対象となる。

3）中小企業退職金共済に加入している会社の事業主が小規模企業共済の加入要件に該当する場合、当該会社の事業主は小規模企業共済に加入することができる。

4）加入者が小規模企業共済の共済金を一括で受け取る場合は、退職所得として退職所得控除の適用がある。

・解説と解答・

1）不適切である。個人事業主の事業の経営に携わる共同経営者は、個人事業主1人につき2人までであれば、小規模企業共済に加入することができる（小規模企業共済法2条1項4号、3条、同法施行規則1条2項2号）。

2）適切である（所得税法75条、タックスアンサー No.1135）。なお、事業上の損金または必要経費にはならない。

3）適切である。中小企業退職金共済の契約者となっている会社の事業主は中小企業退職金共済の被共済者ではないため、小規模企業者の要件に該当する場合は小規模企業共済に加入することができる（小規模企業共済法3条2項、5項、同法施行規則1条の2、中退共法3条3項6号、同法施行規則2条3号の3、3条）。

4）適切である（所得税法31条3号、同法施行令72条3項3号、タックスアンサー No.1420）。

<u>正解　1）</u>

1 −31　国民年金基金（Ⅰ）

《問》国民年金基金に関する次の記述のうち、最も不適切なものはどれか。

1）国民年金基金への加入は口数制となっており、1口目は保証期間のある終身年金A型、保証期間のない終身年金B型のいずれかから選択する。

2）国民年金基金に加入した場合、国民年金の付加保険料を納付する者となることはできないが、確定拠出年金の個人型年金に加入することはできる。

3）国民年金基金の掛金の額は、加入者が選択した給付の型や口数、加入時の年齢、男女の別により決まる。

4）国民年金基金の加入員が国民年金の第2号被保険者となった場合は、加入員資格を喪失するため、国民年金基金から脱退一時金が支給される。

・解説と解答・

1）適切である。2口目以降は、終身年金のA型、B型および確定年金のⅠ型、Ⅱ型、Ⅲ型、Ⅳ型、Ⅴ型の7種類（50歳以降に加入する場合は、Ⅳ型、Ⅴ型には加入することができない）から選択することができる（全国国民年金基金規約50条、71条、別表9の1）。

2）適切である。国民年金基金の1口目の給付には、国民年金の付加年金相当が含まれているため、国民年金基金の掛金とは別に付加保険料を納めることはできない。付加保険料を納付している者が国民年金基金の加入員となったときは、加入員となった日に付加保険料を納付する者でなくなる旨を申し出たものとみなされる（国年法87条の2）。

3）適切である（全国国民年金基金規約71条）。

4）不適切である。加入員資格を喪失した場合、脱退一時金は支給されず、将来、掛金を納めた期間に応じて老齢年金または遺族一時金が支給される。加入期間が15年未満の場合（中途脱退者）は、国民年金基金連合会に年金の原価相当額が移換され、国民年金基金連合会から支給されることとなる（国年法127条、137条の15、137条の17）。

正解　4）

1-32　国民年金基金（Ⅱ）

《問》国民年金基金に関する次の記述のうち、最も不適切なものはどれ
か。
1）国民年金基金に加入する場合、1口目については終身年金を選択す
る必要があるが、終身年金の支給開始年齢は、A型が65歳、B型が
60歳である。
2）国民年金基金に加入する場合、1口目については、途中での掛金の
減額や給付の型の変更をすることはできない。
3）国民年金基金の2口目以降については、加入は任意とされており、
終身年金または確定年金を選択することができる。
4）国民年金基金に加入する場合、確定年金の年金額が終身年金の年金
額を超えないように、給付の型を選択する必要がある。

・解説と解答・

1）不適切である。終身年金のA型、B型はともに、65歳が支給開始年齢とさ
れている。また、国民年金基金の1口目としては、終身年金のA型、B型
のいずれかを選択する必要がある（全国国民年金基金規約50条2項、51
条）。
2）適切である。国民年金基金は口数制で加入することになり、1口目につい
ては途中で掛金を減額したり、給付の型を変更（A型からB型、またはそ
の逆）することはできない（全国国民年金基金規約73条）。
3）適切である。国民年金基金の2口目以降は、終身年金のA型、B型のほ
か、確定年金のⅠ～Ⅴ型から選択することができる（全国国民年金基金規
約73条）。
4）適切である。国民年金基金の2口目以降に加入する場合は、確定年金（Ⅰ
～Ⅴ型）の年金額が、終身年金（A型、B型）の年金額（1口目を含む）
を超えないように注意する必要がある（全国国民年金基金規約73条の2）。

<u>正解　1）</u>

1－33　財形年金貯蓄の仕組み

《問》勤労者財産形成年金貯蓄制度（以下、「財形年金貯蓄」という）に
　　関する次の記述のうち、最も不適切なものはどれか。
1）勤労者が財形年金貯蓄に加入するためには、契約締結時に55歳未満
　　でなければならない。
2）財形年金貯蓄を預貯金により行う場合、一定の要件のもとで、元本
　　550万円までの利子について所得税が非課税となる。
3）年金の支払は、65歳に達した日以後の契約所定の日から、5年以上
　　20年以下の期間にわたって（保険契約の場合は終身も可能）行われ
　　るものでなければならない。
4）財形年金貯蓄は、1人1契約しか締結することができない。

・解説と解答・

1）適切である。財形年金貯蓄の対象者は、原則として、国内に住所を有する
　　満55歳未満の勤労者で、事業主に「給与所得者の扶養控除等申告書」を提
　　出している者である（勤労者財産形成促進法6条2項、タックスアンサー
　　No.1319）。
2）適切である。財形住宅貯蓄も行っている場合は、合算して元本550万円まで
　　での利子について、所得税が非課税となる（勤労者財産形成促進法8条、
　　租税特別措置法4条の3）。
3）不適切である。年金の支払は、満65歳ではなく、満60歳に達した日以後の
　　契約所定の日からとなる（勤労者財産形成促進法6条2項、同法施行令13
　　条の3）。
4）適切である（勤労者財産形成促進法6条3項、タックスアンサー No.1319）。

<u>正解　3）</u>

1－34　私的年金等に係る税制

《問》次の⑦～⑤のうち、公的年金等控除が適用されないものはいくつあるか。

⑦　厚生年金基金から年金として受け取る老齢給付金
⑦　確定給付企業年金から年金として受け取る老齢給付金
⑨　確定拠出年金から年金として受け取る老齢給付金
⑤　個人年金保険契約（保険契約者・保険料負担者・被保険者・年金受取人が同一の場合）に基づき受け取る年金

1）1つ
2）2つ
3）3つ
4）0（なし）

・解説と解答・

⑦～⑨については、公的年金等に係る雑所得として所得税の課税対象となり、公的年金等控除が適用される。⑤については、公的年金等以外の雑所得として所得税の課税対象となり、公的年金等控除は適用されない（所得税法35条3項、同法施行令82条の2）。

したがって、正解は1）である。

正解　1）

1－35　退職手当等に係る税務（Ⅰ）

《問》株式会社Ｘ社に39年4カ月勤務したＡさん（60歳）は、Ｘ社を定年
退職するにあたり、退職金として3,000万円を受け取った。Ａさん
が受け取った退職金に係る退職所得の金額として、次のうち最も適
切なものはどれか。なお、Ａさんは、これ以外に退職手当等の収入
はなく、障害者になったことが退職の直接の原因ではないものとす
る。
1）200万円
2）400万円
3）800万円
4）870万円

・解説と解答・

退職所得の金額は、原則としてほかの所得と合計せず、分離して所得税を計
算する。

（退職手当等の収入金額－退職所得控除額）×$\frac{1}{2}$＝退職所得の金額

勤続年数	退職所得控除額
20年以下	40万円×勤続年数（80万円に満たない場合には、80万円）
20年超	800万円＋70万円×（勤続年数－20年）

※障害者になったことが直接の原因で退職した場合の退職所得控除額は、上
記の方法により計算した額に、100万円を加えた金額となる。
※勤続年数に1年に満たない端数があるときは、1年に切り上げる。

退職所得控除額：800万円＋70万円×（40年－20年）＝2,200万円

退職所得の金額：（3,000万円－2,200万円）×$\frac{1}{2}$＝400万円

※勤続年数が5年以下の退職手当等については、本書1－36の解説1）を参
照。
（所得税法30条、同法施行令69条、タックスアンサー No.1420）

正解　2）

1－36　退職手当等に係る税務（Ⅱ）

《問》退職手当等に係る税務に関する次の記述のうち、最も不適切なもの
はどれか。なお、各選択肢に記述した以外に支払を受けた退職手当
等はないものとする。

1 ）退職一時金を受け取った場合、退職時に「退職所得の受給に関する
申告書」を提出しているときは、退職所得に係る所得税（復興特別
所得税を含む）については源泉徴収により課税関係が終了するた
め、原則として確定申告をする必要はない。

2 ）退職一時金を受け取った場合、退職時に「退職所得の受給に関する
申告書」を提出していないときは、退職手当等の支給額に20.42％
の税率を乗じて計算した所得税（復興特別所得税を含む）の額が源
泉徴収される。

3 ）死亡退職により、退職者に支払われるべき退職一時金がその遺族に
支払われた場合、当該退職一時金については退職所得として所得税
（復興特別所得税を含む）が課される。

4 ）障害者となったことに直接基因して退職したと認められる場合は、
退職所得控除額について100万円が加算される。

・解説と解答・

1 ）適切である。退職時に「退職所得の受給に関する申告書」を提出している
ときは、退職所得控除額を差し引いたうえで、2 分の 1 を乗じた額が退職
所得の金額とされ、所得税（復興特別所得税を含む）が源泉徴収されてい
るので、原則として確定申告をする必要はない。なお、2022年より、勤続
年数が 5 年以下である者に対する退職手当等として支払を受けるもので、
特定役員退職手当等に該当しないものは「短期退職手当等」とされ、その
退職所得金額に関し、短期退職手当等の収入金額から退職所得控除を控除
した金額のうち300万円を超える部分については、「2 分の 1 課税」を適用
しない（所得税法201条、タックスアンサー No.2732）。

2 ）適切である。「退職所得の受給に関する申告書」を提出していないとき
は、「退職手当等の支給額×20.42％」が源泉徴収されるので、精算するた
めには確定申告をする必要がある（所得税法201条 3 項、タックスアン
サー No.2732、2507）。

3）不適切である。死亡退職により遺族に支払われる退職手当金等について
は、相続財産とみなされて相続税の課税対象となる（相続税法 3 条、タッ
クスアンサー No.4117)。ただし、死亡後 3 年を超えて支給が確定した死
亡退職金は、一時所得として所得税の課税対象となる。

4）適切である（所得税法30条 6 項 3 号、タックスアンサー No.1420)。

<u>正解　3）</u>

1−37　退職給付制度（Ⅰ）

《問》「退職給付に関する会計基準」および「退職給付制度間の移行等に関する会計処理」に関する次の㋐〜㋒の記述のうち、適切なものはいくつあるか。

㋐　「退職給付債務」は、退職により見込まれる退職給付の総額のうち、期末までに発生していると認められる額を割り引いて計算する。

㋑　退職給付制度の「終了」とは、退職金規程の廃止のように退職給付制度が廃止される場合や、退職給付制度間の移行または制度の改訂により退職給付債務がその減少分相当額の支払等を伴って減少する場合をいう。

㋒　退職一時金制度から確定拠出年金制度へ移行する場合は、資産を複数年度にわたり均等に分割して移換することとなるが、この場合における退職給付制度の終了の会計処理は、退職金規程の改訂または は廃止が行われた日に一括して行う。

1）　1つ
2）　2つ
3）　3つ
4）　0（なし）

●解説と解答●

㋐　適切である（退職給付に関する会計基準第16項）。

㋑　適切である。なお、退職給付制度の終了には「全部終了」と、退職給付債務の一部に相当する額の支払等を伴って該当部分が減少する「一部終了」がある（退職給付制度間の移行等に関する会計処理4項）。

㋒　適切である。退職給付制度の終了の会計処理は退職給付制度の終了の時点で行うが、この場合における終了の時点は、移換額が確定した時点である、退職金規程等の改訂施行日または廃止日となる（退職給付制度間の移行等に関する会計処理23項、退職給付制度間の移行等の会計処理に関する実務上の取扱いQ3）。

したがって、適切なものは3つ。

正解　3）

1－38　退職給付制度（Ⅱ）

《問》「退職給付に関する会計基準」および「退職給付に関する会計基準
の適用指針」に基づく退職給付会計に関する次の㋐～㋒の記述のう
ち、適切なものはいくつあるか。

㋐　退職給付会計において、期末時点で退職給付の受給権を有してい
ない従業員については、退職給付見込額の計算の対象外となる。

㋑　退職給付会計において年金資産とは、企業と従業員との契約等に
基づいて積み立てられた退職給付以外に使用できない資産のことで
あり、この要件を満たせば、事業主および事業主の債権者から法的
に分離されていない資産であっても、年金資産として取り扱われる。

㋒　退職給付会計において、簡便法を適用することができるのは従業
員数300人未満の企業に限られ、従業員数300人以上の企業は、いか
なる場合であっても簡便法を適用することはできない。

1）　1つ
2）　2つ
3）　3つ
4）　0（なし）

・解説と解答・

㋐　不適切である。期末時点において受給権がない従業員についても、退職給
付見込額の計算の対象となる（退職給付に関する会計基準の適用指針7項）。

㋑　不適切である。年金資産に該当するためには、退職給付以外に使用できな
いという要件だけでなく、事業主および事業主の債権者から法的に分離され
ていることなど、その他の要件もすべて満たす資産でなければならない（退
職給付に関する会計基準7項）。

㋒　不適切である。従業員数が300人以上の企業であっても、従業員の年齢や
勤続年数に偏りがあるなどの理由により、原則法による計算の結果に一定の
高い水準の信頼性が得られないと判断される場合には、簡便法による会計処
理を適用することができる（退職給付に関する会計基準の適用指針47項）。
したがって、適切なものは0（なし）。

正解　4）

1－39　失業等給付との調整

《問》老齢厚生年金と雇用保険の失業等給付の調整に関する次の記述のうち、最も不適切なものはどれか。

1）特別支給の老齢厚生年金の受給権者が、雇用保険法の規定による求職の申込みを行った場合、雇用保険の基本手当は全額支給され、特別支給の老齢厚生年金は支給調整により減額されて支給される。

2）雇用保険の基本手当の受給期間が経過したとき、もしくは所定給付日数に相当する日数分の支給を受け終わったときは、支給調整が終了する。

3）在職老齢年金の仕組みにより支給調整された特別支給の老齢厚生年金の受給者が、雇用保険の高年齢雇用継続基本給付金を受けることができる場合は、特別支給の老齢厚生年金についてさらに支給調整が行われる。

4）雇用保険の基本手当と特別支給の老齢厚生年金の支給調整が行われた月がある者について、支給調整が終了したときは、事後精算により、支給停止された年金額の一部が支給されることがある。

・解説と解答・

1）不適切である。特別支給の老齢厚生年金の受給権者が、雇用保険法の規定による求職の申込みを行った場合、求職の申込みを行った日の属する月の翌月から特別支給の老齢厚生年金の全額が支給停止される（厚年法附則7条の4、附則8条、附則11条の5、雇用保険法15条2項）。

2）適切である。基本手当の受給期間が経過した月、または所定給付日数に相当する日数分の基本手当の支給を受け終わった月までの各月において支給調整が行われる（厚年法附則7条の4第1項、第4項、附則11条の5）。

3）適切である（厚年法附則7条の5、11条の6）。なお、支給調整される額は、標準報酬月額に一定の利率を乗じた額で、停止率の上限は6％である。

4）適切である。事後精算の仕組みは、基本手当の支給対象となった実際の日数を30日で割って得た月数（1未満の端数は、1に切上げ）を実際に年金支給停止された月数から控除して得た月数が1以上となるときは、その月数分の年金が遡って支給される（厚年法附則7条の4第3項、附則11条の5）。

正解　1）

第 2 章

確定拠出年金制度

2－1　企業型年金における企業側のメリット・デメリット

《問》確定拠出年金の企業型年金における企業側のメリットおよびデメリットに関する次の⑦～⑦の記述のうち、適切なものはいくつあるか。

⑦　確定給付型年金から確定拠出年金の企業型年金に全面移行することにより、運用実績の低迷に伴う年金財政の悪化による影響を回避することができ、退職給付会計における退職給付債務の認識が不要となる。

⑦　確定拠出年金の運営では、毎年の財政決算や複雑な数理計算が必要となる。

⑦　確定拠出年金は、原則として、受給開始可能年齢に達するまで給付を受けることができないため、この点について、企業は従業員が正確に理解するように十分な説明を行うことが必要となる。

1）1つ
2）2つ
3）3つ
4）0（なし）

・解説と解答・

⑦　適切である。退職給付会計における確定拠出年金の会計処理は、拠出額を費用処理すればよく、退職給付債務を認識する必要はない（退職給付に関する会計基準第31項）。

⑦　不適切である。確定給付型年金では、制度の設計・運用に通じた運営管理の専門家や、適正な年金数理に基づき数理計算を行うアクチュアリー等が不可欠であるが、確定拠出年金では、通常、確定給付企業年金のように複雑な毎年の財政決算や数理計算は必要ない。

⑦　適切である。脱退一時金を受給できるケースは限定的である（確定拠出年金法附則2条の2、3条）。

したがって、適切なものは2つ。

正解　2）

2－2　企業型年金の加入者資格（Ⅰ）

《問》確定拠出年金の企業型年金の加入者資格に関する次の記述のうち、最も不適切なものはどれか。

1）企業型年金に加入できる対象者の範囲を企業型年金規約において定める場合、特定の者に不当に差別的な取扱いとなるものであってはならない。

2）会社の役員は、第1号厚生年金被保険者であれば、企業型年金の加入者となることができ、企業型年金規約において加入対象者から除外することはできない。

3）パートタイマー従業員は、第1号厚生年金被保険者であれば、企業型年金の加入者となることができるが、加入者となるほかの従業員と比べて労働条件が著しく異なっている場合は、代替措置を講じることなく、企業型年金規約において加入対象者から除外することができる。

4）日本国籍を有しない従業員であっても、第1号厚生年金被保険者であれば、企業型年金の加入者となることができる。

・解説と解答・

1）適切である（確定拠出年金法4条）。

2）不適切である。代替措置を講じれば、加入対象者から除外することができる（法令解釈第1－1）。

3）適切である。ただし、「短時間・有期雇用労働者及び派遣労働者に対する不合理な待遇の禁止等に関する指針」（同一労働同一賃金ガイドライン）の基本的な考え方を踏まえる必要がある（法令解釈第1－1、厚生労働省「確定拠出年金Q＆A（令和6年2月1日施行）」No.37）。

4）適切である（確定拠出年金法9条）。

正解　2）

2－3　企業型年金の加入者資格（Ⅱ）

《問》確定拠出年金の企業型年金規約において企業型年金加入者とすることについての一定の資格を定める場合の定め方として、法令上認められない可能性が高いものは次のうちどれか。なお、企業型年金加入者とならない従業員については、相当な措置が講じられているものとする。

1）労働協約または就業規則等において、研究職に属する従業員に係る給与・退職金等の労働条件がほかの職に属する従業員の労働条件とは別に規定されている場合に、「一定の職種」として研究職に属する従業員のみを企業型年金加入者とすること

2）「一定の勤続期間以上」の従業員のみを企業型年金加入者とすること

3）「一定の年齢」を30歳に設定して、30歳以上の従業員を企業型年金加入者とせずに、30歳未満の従業員のみを企業型年金加入者とすること

4）従業員のうち、「加入者となることを希望した者」のみを企業型年金加入者とすること

・解説と解答・

1）法令上認められる可能性が高い（法令解釈第1－1（1）①）。

2）法令上認められる可能性が高い。なお、「一定の勤続期間未満」の従業員のみを企業型年金加入者とすることも、同様に解される（法令解釈第1－1（1）②）。

3）法令上認められない可能性が高い。一定の年齢未満の従業員のみを企業型年金加入者とする場合は、合理的な理由がなければ認められない。ただし、企業型年金の開始時または企業型年金加入者資格取得時において50歳以上の「一定の年齢」によって加入資格を区分し、当該年齢以上の従業員を企業型年金加入者とせずに、当該年齢未満の従業員のみを企業型年金加入者とすることはできる。また、企業型年金を実施する事業所の第1号等厚生年金被保険者は、原則として企業型年金加入者となるため、法令上70歳まで企業型年金加入者となるが、60歳以上の一定の年齢に達したことを加入者資格喪失事由とし、当該年齢未満の者を企業型年金加入者とすることはできる（法令解釈第1－1（1）③）。

4）法令上認められる可能性が高い（法令解釈第1－1（1）④）。　　<u>正解　3）</u>

２－４　企業型年金の受給権・給付（Ⅰ）

《問》確定拠出年金の企業型年金における受給権および給付に関する次の
記述のうち、最も適切なものはどれか。
1）企業型年金規約において、勤続期間が３年未満の従業員に対して個
人別管理資産全額の受給権を付与することを定めることはできな
い。
2）最初の掛金拠出から10年以上の通算加入者等期間を有する加入者
は、60歳から老齢給付金の受給を開始しなければならない。
3）障害給付金は年金として支給しなければならず、企業型年金規約に
おいて、障害給付金について一時金として支給することを定めるこ
とはできない。
4）企業型年金の年金受給者が死亡した場合、その者の個人別管理資産
があるときは、遺族に対して死亡一時金が支給される。

・解説と解答・

1）不適切である。企業型年金規約において定めれば、勤続期間が３年未満の
従業員の個人別管理資産のうち、事業主掛金に相当する部分を返還させる
ことができる。なお、法令上は、企業型年金規約に定めがない場合は、個
人別管理資産の全額の受給権が付与されるが、全額の受給権が付与される
旨を定めることは可能である（確定拠出年金法３条３項10号、同法施行令
２条）。
2）不適切である。通算加入者等期間を10年以上有する加入者は、60歳から老
齢給付金を請求することが可能であるが、60歳から受給を開始しなければ
ならないわけではない。なお、遅くとも75歳には受給を開始する必要があ
る（確定拠出年金法33条、34条）。
3）不適切である。老齢給付金および障害給付金は年金としての支給が原則で
あるが、企業型年金規約において定めた場合は、老齢給付金および障害給
付金を一時金として支給することができる（確定拠出年金法35条、38条）。
4）適切である。死亡一時金は、企業型年金加入者または企業型年金加入者で
あった者（個人別管理資産がある者に限る）が死亡したときに、その者の
遺族に、企業型記録関連運営管理機関等の裁定に基づき、資産管理機関に
より支給される（確定拠出年金法40条）。

正解　4）

2−5　企業型年金の受給権・給付（Ⅱ）

《問》確定拠出年金の企業型年金における受給権および給付に関する次の
⑦〜⑦の記述のうち、適切なものはいくつあるか。

⑦　6年以上8年未満の通算加入者等期間を有する者は、62歳から老
齢給付金の支給を請求することができる。

⑦　通算加入者等期間とは、企業型年金加入者であった者が60歳に達
した日の前日が属する月以前の、企業型年金加入者期間および個人
型年金加入者期間を合算した期間であり、企業型年金運用指図者期
間および個人型年金運用指図者期間は含まれない。

⑦　年金としての老齢給付金（終身年金を除く）の支給予定期間は、
10年以上20年以下でなければならない。

1）1つ
2）2つ
3）3つ
4）0（なし）

・解説と解答・

⑦　適切である（確定拠出年金法33条1項）。

　なお、老齢給付金の支給を請求することができる年齢は、通算加入者等期
間に応じて60歳から65歳の間で定められている。

受給開始年齢	受給開始年齢から老齢給付金を 受給するために必要な通算加入者等期間
60歳	10年以上
61歳	8年以上
62歳	6年以上
63歳	4年以上
64歳	2年以上
65歳	1月以上

⑦　不適切である。通算加入者等期間には、企業型年金運用指図者期間および
個人型年金運用指図者期間が含まれる。なお、ほかの企業年金制度等から企

業型年金に移換した資産がある場合は、その移換資産の根拠となる期間も、通算加入者等期間に含まれる（確定拠出年金法33条 2 項）。

㋒　不適切である。年金としての老齢給付金（終身年金を除く）の支給予定期間は、 5 年以上20年以下でなければならない（確定拠出年金法 4 条 1 項 6 号、同法施行令 5 条 1 号）。

したがって、適切なものは 1 つ。

<u>正解　1)</u>

2-6 企業型年金の受給権・給付（Ⅲ）

《問》確定拠出年金の企業型年金における受給権および給付に関する次の
記述のうち、適切なものはいくつあるか。

　㋐　勤続年数が3年未満の加入者が退職して企業型年金加入者の資格
　を喪失した場合は、退職事由にかかわらず、個人別管理資産のうち
　事業主掛金に相当する部分を事業主に返還させることはできない。
　㋑　年金としての老齢給付金（終身年金を除く）の支給予定期間は、
　5年以上25年以下でなければならない。
　㋒　年金給付の支給期間については、支給すべき事由が生じた月の翌
　月から始め、権利が消滅した月に終わるものとされている。

1）1つ
2）2つ
3）3つ
4）0（なし）

・解説と解答・

㋐　不適切である。勤続年数が3年未満の加入者については、退職事由にかか
　わらず、個人別管理資産のうち事業主掛金に相当する部分の一部または全部
　を事業主に返還することを企業型年金規約に定めることができる（確定拠出
　年金法3条3項10号、同法施行令2条）。

㋑　不適切である。年金としての老齢給付金（終身年金を除く）の支給予定期
　間は、5年以上20年以下でなければならない（確定拠出年金法4条1項6
　号、同法施行令5条1号）。

㋒　適切である（確定拠出年金法31条）。
　したがって、適切なものは1つ。

<u>正解　1）</u>

2 － 7　企業型年金規約

《問》確定拠出年金の企業型年金規約に関する次の記述のうち、最も不適切なものはどれか。

1）企業型年金を実施しようとするときは、企業型年金規約を作成し、当該規約について厚生労働大臣の承認を得なければならない。
2）企業型年金規約を作成するにあたっては、使用される第 1 号等厚生年金被保険者の過半数で組織する労働組合があるときはその労働組合の同意を、使用される第 1 号等厚生年金被保険者の過半数で組織する労働組合がないときは当該第 1 号等厚生年金被保険者の過半数を代表する者の同意を得なければならない。
3）企業型年金の加入者資格について、企業型年金規約において、60歳以上65歳未満の一定の年齢に達したときに企業型年金加入者の資格を喪失することを定めることはできない。
4）企業型年金規約の変更が政令で定める「軽微な変更」に該当する場合であれば、その変更について厚生労働大臣の承認を得る必要はない。

・解説と解答・

1）適切である（確定拠出年金法 3 条）。
2）適切である（確定拠出年金法 3 条）。
3）不適切である。企業型年金加入者資格取得時であれば、50歳以上の者を企業型年金加入者としない取扱いは認められるが、一定の年齢に達したことにより企業型年金加入者資格を喪失することを定める場合は、一定の年齢は60歳以上でなければならない。したがって、企業型年金規約においては、60歳以上70歳未満の一定の年齢に達したときに企業型年金加入者の資格を喪失することを定めることができる。なお、2022年 5 月から、第 1 号等厚生年金被保険者であれば加入者とすることができるため、最長で70歳に達するまでの間加入者とすることができる（確定拠出年金法 9 条、厚年法 2 条の 5 、 9 条、法令解釈第 1 － 1 （ 1 ）③）。
4）適切である。企業型年金規約を変更した場合は、原則として企業型年金規約を作成したときと同様に厚生労働大臣の承認が必要だが、軽微な変更の場合は厚生労働大臣への届出で良い。また軽微な変更のうち一部の事項に

ついては届出も不要となる（確定拠出年金法5条1項、6条1項)。

<u>正解　3）</u>

2－8　運営管理機関の役割等

《問》確定拠出年金の企業型年金における運営管理機関の役割等に関する
　　次の記述のうち、最も適切なものはどれか。
　1）記録関連運営管理機関は、加入者等が行った運用の指図を取りまと
　　　めて資産管理機関に通知する役割を担い、資産管理機関は、当該通
　　　知に従って、それぞれの運用方法について契約の締結、変更または
　　　解除その他の必要な措置を行わなければならない。
　2）運営管理業務には、運用関連業務と記録関連業務があるが、両業務
　　　とも1つの運営管理機関が行わなければならない。
　3）運営管理機関は、加入者等に対して、提示した運用方法のうち特定
　　　のものについて指図を行うことを勧める行為をしてはならないが、
　　　指図を行わないことを勧める行為はしてもよい。
　4）運営管理機関は、加入者等から運用方法について質問または照会を
　　　受けた場合には、当該加入者等に対して、特定の金融商品への運用
　　　の指図を行うことが好ましいと推奨することが認められる。

・解説と解答・

1）適切である（確定拠出年金法2条7項1号ロ、25条）。
2）不適切である。運営管理業務は、必ずしも1つの機関がすべての業務を行
　　う必要はなく、事業主が運営管理業務の一部を運営管理機関に委託するこ
　　とや、委託を受けた運営管理機関が運営管理業務の一部をほかの運営管理
　　機関に再委託することもできる。記録関連業務を行う運営管理機関は、運
　　用関連業務を行う運営管理機関とは別の運営管理機関が行うケースが一般
　　的である（確定拠出年金法2条7項、7条）。
3）不適切である。提示した運用方法のうち特定のものについて指図を行わな
　　いことも、同様に勧めてはならない（確定拠出年金法100条6号）。
4）不適切である。運営管理機関は、加入者等から質問または照会を受けた場
　　合であっても、特定の運用方法に係る金融商品への運用の指図を行うこと
　　を推奨または助言してはならない（法令解釈第9－2（4）②）。

正解　1）

2－9　資産管理機関の役割（Ｉ）

《問》確定拠出年金の企業型年金における資産管理機関の役割に関する次
　　の記述のうち、最も適切なものはどれか。
 1 ）資産管理機関は、受給権者から給付の請求を受け付け、規約に基づ
　　き給付の裁定をした場合には、運営管理機関に対して給付の支払指
　　示を行う。
 2 ）資産管理機関は、事業主から資産管理契約の締結の要請があったと
　　きは、正当な理由がある場合を除き、これを拒否することはできな
　　い。
 3 ）資産管理機関は、加入者等が行った個々の運用指図を運用方法ごと
　　に取りまとめて、運営管理機関に通知する。
 4 ）資産管理業務は、主務大臣たる厚生労働大臣および内閣総理大臣
　　（金融庁長官に委任）の登録を受けた一般事業法人であれば営むこ
　　とができる。

・解説と解答・

1 ）不適切である。運営管理機関が受給権者から給付の請求を受け、規約に基
　　づき給付の裁定をした場合には、資産管理機関に対して給付の支払指示を
　　行う（確定拠出年金法29条、33条 3 項）。
2 ）適切である（確定拠出年金法 8 条 2 項）。
3 ）不適切である。加入者等が行った個々の運用指図の取りまとめと資産管理
　　機関への通知は、（記録関連）運営管理機関の役割である（確定拠出年金
　　法25条 3 項）。
4 ）不適切である。資産管理業務を営むことができるのは、信託会社（信託業
　　務を営む金融機関を含む）、厚生年金基金、企業年金基金、生命保険会
　　社、損害保険会社、農業協同組合連合会に限られる（確定拠出年金法 8 条
　　 1 項、53条 1 項）。

正解　2 ）

2 -10　資産管理機関の役割（Ⅱ）

《問》資産管理機関に関する次の記述のうち、最も不適切なものはどれ
か。
1) 資産管理機関は、加入者等の個人別管理資産額を個人別口座ごとに
管理しなければならない。
2) 資産管理機関は、記録関連運営管理機関がとりまとめた加入者等の
運用の指図の内容のみに基づき、金融商品の売買を執行しなければ
ならない。
3) 資産管理機関は、受給権者に対して給付金の支払を行うが、給付金
の支払は記録関連運営管理機関の裁定のみに基づいて行われる。
4) 資産管理機関は、事業主が拠出した掛金を収納しなければならな
い。

・解説と解答・

1) 不適切である。個人別管理資産額の記録・管理は記録関連運営管理機関が
　 行い、資産管理機関は年金制度ごとの資産を管理する（確定拠出年金法 2
　 条 7 項、 8 条）。
2) 適切である（確定拠出年金法25条 3 項、 4 項、同法施行規則 8 条）。
3) 適切である（確定拠出年金法33条 3 項）。
4) 適切である（確定拠出年金法21条、同法施行規則 8 条）。

<u>正解　 1)</u>

2－11　企業型年金加入者掛金（マッチング拠出）

《問》企業型年金加入者掛金（以下、「マッチング拠出」という）に関する次の記述のうち、最も不適切なものはどれか。なお、各選択肢においては、企業型年金加入者が企業型年金加入者掛金を拠出できることが、企業型年金規約に定められているものとする。

1）マッチング拠出を行う企業型年金加入者は、個人型年金に加入することはできない。

2）実施する企業型年金が簡易企業型年金である場合は、マッチング拠出の額を加入者全員について同一の額とすることが認められている。

3）マッチング拠出を行うかどうかは、企業型年金の実施主体である事業主が、加入者ごとに個別決定する必要がある。

4）マッチング拠出の額を複数設定する場合は、加入者が拠出できる最大の範囲でマッチング拠出の額を設定できるように努めなければならない。

・解説と解答・

1）適切である。企業型年金加入者は、マッチング拠出を行うか個人型年金に加入して個人型年金加入者掛金を拠出するかを選択することができる。ただし、マッチング拠出を行った場合、その企業型年金加入者は新たに個人型年金に加入することはできなくなる。一方、既に個人型年金に加入し、個人型年金加入者掛金を拠出している企業型年金加入者は、マッチング拠出を行うことはできない（確定拠出年金法62条1項2号、4項6号、法令解釈第1－3（2））。

2）適切である。マッチング拠出の額は、原則として、複数の具体的な金額から選択できるようにする必要があるが、実施する企業型年金が簡易企業型年金である場合は、マッチング拠出の額を加入者全員について同一の額とすることが認められている（法令解釈第1－3（3））。

3）不適切である。マッチング拠出を行うかどうかは、企業型年金加入者自らの意思により決定できるものでなければならないとされている（確定拠出年金法施行令6条4号、法令解釈第1－3（1））。

4）適切である（法令解釈第1－3（4））。

<u>正解　3）</u>

2－12　確定拠出年金のポータビリティ（Ⅰ）

《問》確定拠出年金の企業型年金の加入者（30歳）が、当該企業を退職し、別の企業に再就職等をした場合の取扱いに関する次の記述のうち、最も不適切なものはどれか。なお、本問において「その他の企業年金」とは、確定給付企業年金、厚生年金基金を指すものとする。

1）再就職先の企業に企業型年金がなく、その他の企業年金もない場合、引き続き退職前の企業型年金の加入者とされ、個人別管理資産は移換されない。

2）再就職先の企業において企業型年金の加入者資格を取得した場合、再就職先の企業型年金の資産管理機関に個人別管理資産を移換することができる。

3）公務員として再就職をした場合（新たに確定拠出年金に加入しない）、資産移換の手続をしなければ、国民年金基金連合会に個人別管理資産が移換される。

4）個人事業主として事業を開始し、国民年金の第1号被保険者となった場合（新たに確定拠出年金に加入しない）、資産移換の手続をしなければ、国民年金基金連合会に個人別管理資産が移換される。

・解説と解答・

1）不適切である。再就職先の企業に企業型年金がなく、その他の企業年金もない場合であっても、退職前の企業型年金に引き続き加入することはできない。なお、60歳以上で退職した場合等は退職前の企業型年金の運用指図者となるが、運用指図者に該当しない場合は、原則として本人が移換を申し出る必要がある。移換手続をしない場合は、①転職先の企業型年金の加入者である場合は当該企業型年金、②個人型年金の加入者または運用指図者である場合は個人型年金、③企業型年金および個人型年金の加入者、運用指図者のいずれにも該当しない場合は国民年金基金連合会に自動的に移換される（確定拠出年金法11条、15条、80条、82条、83条）。

2）適切である。確定拠出年金では個人の勘定別に資産管理がされていることから（個人別管理資産）、離職や転職をした場合でも、それまでの年金資産を持ち運んで制度を継続することができる。この機能を、確定拠出年金

　　の「ポータビリティ」という（確定拠出年金法80条）。

3）適切である（確定拠出年金法83条）。

4）適切である（確定拠出年金法83条）。

正解　1）

2－13　確定拠出年金のポータビリティ（Ⅱ）

《問》確定拠出年金のポータビリティに関する次の記述のうち、最も不適
切なものはどれか。なお、各選択肢において、記載していない事項
は考慮しないものとする。
1）確定拠出年金の企業型年金加入者が会社を中途退職し、自営業者
（国民年金の第1号被保険者）となった場合、個人別管理資産を企
業年金連合会（通算企業年金）へ移換するか、個人別管理資産を個
人型年金に移換して個人型年金加入者または個人型年金運用指図者
となるかを選択することができる。
2）確定拠出年金の企業型年金加入者が会社を中途退職し、専業主婦
（国民年金の第3号被保険者）となった場合、個人別管理資産を個
人型年金に移換して個人型年金運用指図者になることができるが、
個人型年金加入者になることはできない。
3）確定拠出年金の企業型年金加入者が、転職により別の会社の企業型
年金の加入者資格を取得した場合、申出により転職後の企業型年金
に個人別管理資産が移換される。
4）国民年金の第1号被保険者である確定拠出年金の個人型年金加入者
が、企業型年金を実施している会社に就職し、その会社の企業型年
金加入者となった場合は、個人型年金から就職先の企業型年金に個
人別管理資産を移換することができる。

・解説と解答・

1）適切である。確定拠出年金の企業型年金加入者が退職し、国民年金の第1
号被保険者となった場合、個人別管理資産を企業年金連合会（通算企業年
金）へ移換するか、個人別管理資産を個人型年金に移換して個人型年金加
入者または個人型年金運用指図者となるかを選択することができる（確定
拠出年金法54条の5、82条）。
2）不適切である。国民年金の第3号被保険者も個人型年金加入者となること
ができる（確定拠出年金法62条）。
3）適切である。ただし、転職前の企業型年金からの移換の申出は、当該企業
型年金の加入者資格を喪失した日が属する月の翌月から起算して6カ月以
内に行う必要があるため、当該期間内に再就職をしない場合などは肢1）

と同様の選択を行う必要がある（確定拠出年金法80条）。

4）適切である（確定拠出年金法80条）。なお、企業型年金で加入者掛金拠出
（マッチング拠出）を行っていない場合であって、事業主掛金が各月の拠
出限度額の範囲内である各月拠出の場合、個人別管理資産を企業型年金に
移換せずに個人型年金への加入を続けることもできる。また、個人型年金
の加入者資格を喪失する場合でも、個人別管理資産を移換せずに個人型年
金の運用指図者として運用を続けることができる（確定拠出年金法62条4
項6号、64条）。

<u>正解　2）</u>

2−14　個人別管理資産の移換

《問》確定拠出年金における個人別管理資産の移換等に関する次の記述のうち、最も不適切なものはどれか。

1）企業型年金の加入者であった者が企業年金のない企業に転職した場合、申出により、個人別管理資産を企業年金連合会（通算企業年金）に移換するか、個人型年金に移換することになる。

2）企業型年金の加入者であった者が転職し、所定の期間内に個人別管理資産の移換の申出を行わなかった場合において、当該期間内に転職先で企業型年金の加入者となっているときは、当該個人別管理資産は転職先の企業型年金に自動的に移換されることとなる。

3）企業型年金の加入者であった者が退職をして国民年金の第3号被保険者となった場合、企業型年金の個人別管理資産を個人型年金に移換することはできるが、個人型年金の加入者となって掛金を拠出することはできない。

4）企業型年金の加入者であった者が公務員となり、個人型年金の運用指図者になることを申し出た場合、その者の個人別管理資産は個人型年金に移換されることになる。

・解説と解答・

1）適切である。退職によって企業年金のない企業に転職した場合には、年金資産を企業年金連合会（通算企業年金）へ移換するか、個人型年金に移換するかどちらかを選択することになる。なお、個人型年金へ移換する場合は、個人型年金の加入者となるか個人型年金運用指図者となることができる（確定拠出年金法54条の5、82条）。

2）適切である。甲社企業型年金の加入者であった者が乙社へ転職して乙社企業型年金の加入者資格を取得した場合であって、甲社企業型年金の加入者資格を喪失した日が属する月の翌月から起算して6カ月以内に乙社企業型年金への移換手続をしていない場合は、その者の個人別管理資産は、自動的に乙社企業型年金へ移換されることとなる（確定拠出年金法80条2項、法令解釈第11−1（2）①）。

3）不適切である。国民年金の第3号被保険者も個人型年金の加入者となって掛金の拠出を継続することができる（確定拠出年金法62条）。

4）適切である。個人型年金の運用指図者となる場合には、その者の個人別管
　　理資産は個人型年金に移換される（確定拠出年金法64条、82条）。

正解　3）

2 － 15　簡易企業型年金

《問》簡易企業型年金に関する次の文章の空欄①～③にあてはまる語句等として、次のうち最も適切なものはどれか。

　従業員数（第 1 号等厚生年金被保険者）が（　①　）人以下の企業は、制度導入手続が簡便で制度運営も容易な簡易企業型年金を実施することができる。ただし、加入者の範囲として一定の資格を定めることはできず、全従業員の（　②　）。また、事業主掛金の算定方法は、（　③　）である。

1 ）①100　②3 分の 2 以上が加入しなければならない　③定額のみ
2 ）①100　②加入が義務付けられている　　　　　　　③定率のみ
3 ）①300　②3 分の 2 以上が加入しなければならない　③定率のみ
4 ）①300　②加入が義務付けられている　　　　　　　③定額のみ

・解説と解答・

　従業員数（第 1 号等厚生年金被保険者）が（①300）人以下の企業は、制度導入手続が簡便で制度運営も容易な簡易企業型年金を実施することができる。ただし、加入者の範囲として一定の資格を定めることはできず、全従業員の（②加入が義務付けられている）。また、事業主掛金の算定方法は、（③定額のみ）である（確定拠出年金法 3 条 5 項、19条 2 項、同法施行令10条の 3 ）。

正解　4 ）

2－16　確定拠出年金と税金

《問》確定拠出年金の掛金および給付に係る税務上の取扱いに関する次の
⑦～⑰の記述のうち、適切なものはいくつあるか。

⑦　確定拠出年金の企業型年金の事業主掛金は、その全額を損金（ま
たは必要経費）の額に算入することができる。
⑦　確定拠出年金の個人型年金に係る脱退一時金は、一時所得として
総合課税の対象となる。
⑰　障害給付金は、所得税が課されない。

1）1つ
2）2つ
3）3つ
4）0（なし）

・解説と解答・

⑦　適切である。確定拠出年金の企業型年金の事業主掛金は、事業主の法人税
の課税所得の計算上、損金の額または必要経費に算入される。また、加入者
である従業員については、事業主が掛金を拠出した時点では、給与として課
税はされない（法人税法施行令135条3号、所得税法施行令64条1項4号、
2項、タックスアンサー No.5231）。

⑦　適切である。確定拠出年金は、原則として、加入者が60歳前に任意に脱退
することはできないが、個人別管理資産がきわめて少額であるなど一定の要
件に該当する場合は、脱退一時金を請求し、確定拠出年金から脱退すること
ができる。このとき受け取る脱退一時金は、一時所得として所得税の課税対
象となる（所得税法34条、確定拠出年金法附則3条、タックスアンサー
No.1490）。

⑰　適切である。障害給付金は、確定拠出年金法上、租税その他公課を課すこ
とができないとされる（確定拠出年金法32条2項）。
したがって、適切なものは3つ。

正解　3）

２－17　確定拠出年金の税務上の取扱い

《問》確定拠出年金の税務上の取扱いに関する次の記述のうち、最も不適切なものはどれか。

1）確定拠出年金に拠出した加入者掛金は、全額が小規模企業共済等掛金控除の対象となる。

2）確定拠出年金に拠出した加入者掛金相当額に運用益が出た場合であっても、当該運用益に対して所得税・住民税等は課されない。

3）老齢給付金を年金で受け取る場合、その年金は雑所得となり公的年金等控除の対象となる。

4）老齢給付金を一括で受け取る場合は一時所得となり、確定拠出年金の収入を得るために支出した掛金額と特別控除額を差し引いた金額が一時所得の金額とされる。

・解説と解答・

1）適切である（所得税法75条、タックスアンサー No.1135）。

2）適切である。確定拠出年金の場合は、積立金の全額に、一律1.173％の特別法人税が課されるが、2026（令和８）年３月31日までは、特別法人税の課税は凍結されている（法人税法７条、84条１項、租税特別措置法68条の５）。

3）適切である。老齢給付金を年金で受け取る場合、その年金は雑所得として所得税の課税対象となり、公的年金等控除の対象となる（所得税法35条、同法施行令82条の２第２項）。

4）不適切である。老齢給付金を一括で受け取る場合は退職所得となり、確定拠出年金の掛金拠出期間（勤続年数）に応じた退職所得控除が受けられる（所得税法30条、31条３号、同法施行令72条３項７号）。

<u>正解　4）</u>

2−18　個人型年金の加入者資格（Ⅰ）

> 《問》確定拠出年金の個人型年金における加入者資格の喪失に関する次の
> 記述のうち、最も適切なものはどれか。
> 1）個人型年金加入者が死亡したときは、該当するに至った日の前日に
> 　個人型年金加入者の資格を喪失する。
> 2）国民年金の第2号被保険者である個人型年金加入者が60歳に達した
> 　ときは、該当するに至った日に個人型年金加入者の資格を喪失す
> 　る。
> 3）個人型年金加入者が国民年金の被保険者の資格を喪失（死亡した場
> 　合を除く）したときは、該当するに至った日の翌日に個人型年金加
> 　入者の資格を喪失する。
> 4）個人型年金加入者が国民年金基金連合会に申し出て個人型年金運用
> 　指図者となったときは、該当するに至った日に個人型年金加入者の
> 　資格を喪失する。

・解説と解答・

1）不適切である。該当するに至った日の翌日に資格を喪失する（確定拠出年
　金法62条4項1号）。
2）不適切である。2022年5月の改正により、加入者資格喪失事由から「60歳
　に達したとき」が削除され、国民年金被保険者であれば加入可能となった
　（国民年金の第2号被保険者や任意加入被保険者は65歳まで）（確定拠出年
　金法62条4項2号）。
3）不適切である。個人型年金加入者が国民年金の被保険者の資格を喪失（死
　亡した場合を除く）したときは、該当するに至った日に個人型年金の加入
　者資格を喪失する（確定拠出年金法62条4項2号）。
4）適切である（確定拠出年金法62条4項3号）。

正解　4）

2 − 19　個人型年金の加入者資格（Ⅱ）

《問》確定拠出年金の個人型年金における加入者資格等に関する次の㋐〜
㋒の記述のうち、適切なものはいくつあるか。

㋐　国民年金の第 3 号被保険者の掛金の拠出限度額は、年額276,000
円である。

㋑　個人型年金加入者が国民年金被保険者資格を喪失（死亡の場合を
除く）したときは、該当するに至った日に個人型年金加入者の資格
を喪失する。

㋒　確定拠出年金の企業型年金に加入し、加入者掛金拠出（マッチン
グ拠出）を行っている会社員は、企業型年金規約で確定拠出年金の
個人型年金の同時加入が認められている場合のみ、個人型年金に加
入することができる。

1 ）　1 つ
2 ）　2 つ
3 ）　3 つ
4 ）　0 （なし）

• 解説と解答 •

㋐　適切である。個人型年金の拠出限度額（年額）は、次のとおり（確定拠出
年金法69条、同法施行令36条）。

①国民年金の第 1 号被保険者：816,000円（付加保険料、国民年金基金の掛
金と合算）

②国民年金の第 2 号被保険者

ⅰ）企業型年金、確定給付企業年金等に加入していない会社員：276,000円

ⅱ）確定給付企業年金等に加入していない企業型年金の加入者：240,000円
（かつ企業型年金の事業主掛金と個人型年金の加入者掛金の合計が
660,000円）

ⅲ）確定給付企業年金等に加入している企業型年金加入者　　　：144,000円
（かつ企業型年金の事業主掛金と個人型年金の加入者掛金の合計が
330,000円）

ⅳ）確定給付企業年金等のみに加入している会社員、公務員等：144,000円

③国民年金の第3号被保険者：276,000円

　なお、2024年12月1日より、確定給付型の企業年金等に加入している場合は、加入している制度の掛金の額を考慮して拠出限度額が定められるようになる。具体的な拠出限度額（年額）は、ⅲ）は240,000円かつ660,000円から他制度掛金相当額（年額）と企業型年金の事業主掛金（年額）を控除した額、ⅳ）は240,000円かつ660,000円から他制度掛金相当額※（年額）を控除した額となる。

　※公務員は「共済掛金相当額」

⑴　適切である（確定拠出年金法62条4項2号）。

⑼　不適切である。企業型年金加入者が加入者掛金拠出（マッチング拠出）を行っている場合は、個人型年金に加入することはできない。なお、従来、マッチング拠出を行っていない企業型年金加入者は、企業型年金規約で個人型年金への加入を認められている場合に限り個人型年金に加入することができるとされていたが、2022年10月1日以降、企業型年金の事業主掛金が各月拠出で、各月の拠出限度額を超えない場合は、個人型年金に加入できることとなった（確定拠出年金法62条1項2号、同法施行令34条の2）。

　したがって、適切なものは2つ。

正解　2）

2 −20　個人型年金の加入者資格（Ⅲ）

《問》確定拠出年金の個人型年金の加入者資格に関する次の記述のうち、最も不適切なものはどれか。

1）国民年金の第 1 号被保険者で、国民年金基金に加入している者は、個人型年金に加入することができる。

2）国民年金の第 1 号被保険者で、国民年金保険料の半額免除の適用を受けている者は、個人型年金に加入することができない。

3）国民年金の第 1 号被保険者で、付加保険料を納付している者は、個人型年金に加入することができる。

4）国民年金の第 1 号被保険者で、農業者年金の被保険者である者は、個人型年金に加入することができる。

・解説と解答・

1）適切である（確定拠出年金法62条）。

2）適切である。国民年金の第 1 号被保険者であっても、申請により国民年金保険料の納付が免除されている者や保険料の納付を猶予されている者は、個人型年金に加入することができない。ただし、障害者年金を受給していることにより国民年金の保険料の納付が免除されている者は、個人型年金に加入することができる（確定拠出年金法62条 1 項 1 号、 4 項 4 号、国年法89条 1 項 1 号）。

3）適切である（確定拠出年金法62条）。

4）不適切である。国民年金の第 1 号被保険者で、農業者年金の被保険者である者は、個人型年金に加入することができない（確定拠出年金法62条 4 項 5 号）。

正解　4）

2−21　個人型年金の受給権・給付（Ⅰ）

《問》確定拠出年金の個人型年金における受給権および給付に関する次の
記述のうち、最も適切なものはどれか。
1 ）老齢給付金は、年金として支給するほか、規約の定めるところにより、その全部または一部を一時金として支給することができる。
2 ）障害給付金を請求するためには、傷病についての障害認定日から65歳に達する日の前日までの間において、その傷病により所定の障害の状態に該当している必要がある。
3 ）個人型年金の老齢給付金の受給権は、当該個人型年金の障害給付金の受給権者となっても消滅しない。
4 ）個人型年金加入者が死亡した場合、死亡一時金が支給される遺族の範囲は、その者の収入によって生計を維持していた配偶者、子、父母、孫、祖父母、兄弟姉妹に限られる。

・解説と解答・

1 ）適切である（確定拠出年金法35条、73条、個人型年金規約111条）。
2 ）不適切である。障害給付金は、傷病についての障害認定日から75歳に達する日の前日までの間において、その傷病により所定の障害の状態に該当するに至ったときに、その期間内に請求することができる（確定拠出年金法37条、73条）。
3 ）不適切である。個人型年金の老齢給付金の受給権は、次のいずれかに該当することとなったときは、消滅する（確定拠出年金法36条、73条）。
　・受給権者が死亡したとき
　・当該個人型年金の障害給付金の受給権者となったとき
　・当該個人型年金に個人別管理資産がなくなったとき
4 ）不適切である。配偶者、子、父母、孫、祖父母、兄弟姉妹のほかにも、死亡した者の死亡の当時、主としてその収入によって生計を維持していた親族等も対象となる（確定拠出年金法41条、73条）。

正解　1 ）

2－22　個人型年金の受給権・給付（Ⅱ）

《問》確定拠出年金の個人型年金における受給権および給付に関する次の記述のうち、最も不適切なものはどれか。なお、いずれの選択肢においても、個人型年金に個人別管理資産があるものとする。

1) 個人型年金加入者であった者が60歳到達時に老齢給付金を受給するためには、通算加入者等期間が10年以上である必要がある。

2) 個人型年金における老齢給付金は、原則として年金として支給されるが、その全部または一部を一時金として支給することも可能である。

3) 個人型年金は、60歳未満であること、企業型年金加入者でないこと等の所定の要件をすべて満たさなければ、脱退一時金を請求することはできない。

4) 障害給付金は、初診日から起算して1年6カ月を経過した日から60歳到達日前日（60歳の誕生日の2日前）までの期間に限り、所定の障害の状態に該当した場合に請求することができる。

・解説と解答・

1) 適切である。60歳から老齢給付金を受給するためには、通算加入者等期間（掛金を拠出する加入者期間と自分の個人別管理資産の運用のみを行う運用指図者期間の合計。確定給付企業年金等のほかの企業年金から資産を移換した場合は、移換前の期間を通算する）が10年以上である必要がある（確定拠出年金法33条、73条）。

2) 適切である。老齢給付金は、個人型年金規約の定めるところにより、その全部または一部を一時金として支給することができ、個人型年金規約では、運営管理機関の定めるところにより全部または一部を一時金として支給することができると規定されている（確定拠出年金法35条、73条、個人型年金規約111条）。

3) 適切である。脱退一時金を受給するためには、①60歳未満であること、②確定拠出年金の障害給付金の受給権者ではないこと、③通算拠出期間が1年以上5年以下、または個人別管理資産が25万円以下であること、④資格を最後に喪失した日から2年以内であること、⑤企業型年金の加入者でないこと、⑥確定拠出年金法62条1項各号に掲げる者（個人型年金加入者に

なれる者）に該当しないこと、⑦国民年金法附則5条1項3号に掲げる者
（日本国籍を有する海外居住者で20歳以上65歳未満の者）に該当しないこ
と、以上①〜⑦の要件すべてに該当しなければならない（確定拠出年金法
附則3条1項、同法施行令60条）。

4）不適切である。障害給付金は、初診日から起算して1年6カ月を経過した
　日から75歳到達日前日（75歳の誕生日の2日前）までの期間において、所
　定の障害の状態に該当する場合に請求することができる（確定拠出年金法
　37条、73条）。

__正解　4）__

2 － 23　確定拠出年金の掛金の拠出限度額

《問》確定拠出年金の掛金の拠出限度額に関する次の記述のうち、最も適切なものはどれか。なお、いずれの選択肢においても掛金は各月拠出であり、企業型年金と個人型年金の同時加入可能者ではないものとする。

1 ）企業型年金加入者であって、厚生年金基金の加入員である従業員の場合、企業型年金の掛金の拠出限度額は月額23,000円である。

2 ）企業型年金加入者であって、厚生年金基金も確定給付企業年金もない企業の従業員の場合、企業型年金の掛金の拠出限度額は月額46,000円である。

3 ）自営業者等の個人型年金の第 1 号加入者の場合、個人型年金の掛金の拠出限度額は、月額68,000円から国民年金基金の掛金または国民年金の付加保険料を控除した範囲内（千円単位）となる。

4 ）個人型年金の第 3 号加入者の場合、個人型年金の掛金の拠出限度額は月額25,000円である。

・解説と解答・

1 ）不適切である。ほかの企業年金に加入している場合の企業型年金の掛金の拠出限度額は、月額27,500円である（確定拠出年金法20条、同法施行令11条 2 号）。なお、個人型年金に同時加入する場合に企業型年金の拠出限度額を引き下げる措置は、2022年10月に施行された同時加入要件の緩和に伴い撤廃された（肢 2 ）も同様）。また、2024年12月 1 日より、厚生年金基金等の確定給付型の企業年金に加入している場合における企業型年金の拠出限度額の月額は、55,000円から他制度掛金相当額を控除した額となる。

2 ）不適切である。ほかの企業年金に加入していない場合の企業型年金の掛金の拠出限度額は、月額55,000円である（確定拠出年金法20条、同法施行令11条 1 号）。

3 ）適切である。自営業者等である個人型年金の第 1 号加入者の場合、個人型年金の掛金の拠出限度額は、月額68,000円である。ただし、国民年金基金の掛金または国民年金の付加保険料を納付している場合は、月額68,000円からそれらを控除した額（千円単位）が拠出限度額となる（確定拠出年金法69条、同法施行令36条）。

4）不適切である。個人型年金の第3号加入者の場合、個人型年金の掛金の拠出限度額は月額23,000円である。なお第3号加入者とは、国民年金の第3号被保険者（専業主婦（夫）等）である個人型年金加入者のことである（確定拠出年金法69条、同法施行令36条6号）。

<u>正解　3）</u>

2−24 確定拠出年金の運用の指図

《問》確定拠出年金の運用の指図に関する次の記述のうち、最も不適切な
ものはどれか。
1）加入者等は、規約で定めるところにより、積立金のうち当該加入者
　等の個人別管理資産について運用の指図を行う。
2）運用の指図は、提示された運用方法のなかから1または2以上の方
　法を選択し、かつ、それぞれの運用方法に充てる額を決定して、こ
　れらの事項を記録関連運営管理機関等に示すことによって行う。
3）運用の指図は、加入の申出をするときなどに指定（選択）した記録
　関連運営管理機関に対して、加入者が直接運用の指図をするほか、
　当該運営管理機関に一任することができる。
4）資産管理機関は、記録関連運営管理機関から運用の指図の通知が
　あったときは、速やかに、当該通知に則り、それぞれの運用方法に
　ついて、契約の締結、変更または解除その他の必要な措置を行わな
　ければならない。

・解説と解答・

1）適切である（確定拠出年金法25条1項）。
2）適切である（確定拠出年金法25条2項）。
3）不適切である。運用の指図は、加入の申出をするときなどに指定（選択）
　した記録関連運営管理機関に対して一任することはできず、加入者が直
　接、運用の指図をする。また、事業主や国民年金基金連合会が、加入者等
　に対して、自己または加入者等以外の第三者に運用の指図を委託すること
　を勧めることは禁止されている（確定拠出年金法25条2項、同法施行規則
　23条4号、60条4号）。
4）適切である（確定拠出年金法25条4項）。

<u>正解　3）</u>

2−25　国民年金基金連合会の役割等（Ⅰ）

《問》個人型年金における次の㋐〜㋓の事務のうち、国民年金基金連合会がほかの機関（銀行その他の金融機関等）に委託することができないものをすべて挙げた組合せはどれか。

> ㋐　個人型年金加入者の資格の確認に関する事務
> ㋑　掛金の収納または還付に関する事務
> ㋒　給付（脱退一時金を含む）の支給に関する事務
> ㋓　掛金の限度額の管理に関する事務

1)　㋐、㋑
2)　㋐、㋓
3)　㋒、㋓
4)　㋐、㋑、㋓

・解説と解答・

　国民年金基金連合会がほかの機関（銀行その他の金融機関等）に委託することができる事務は、確定拠出年金法61条、同法施行規則37条で定められている。

㋐　委託することができない。個人型年金加入者の資格の確認に関する事務は、ほかの機関に委託することができない国民年金基金連合会の固有事務とされる（確定拠出年金法61条1項5号）。

㋑　委託することができる（確定拠出年金法施行規則37条1項1号）。

㋒　委託することができる（確定拠出年金法施行規則37条1項3号）。

㋓　委託することができない。掛金の限度額の管理に関する事務は、ほかの機関に委託することができない国民年金基金連合会の固有事務とされる（確定拠出年金法61条1項5号）。

　したがって、2)が正解となる。

正解　2)

2－26　国民年金基金連合会の役割等（Ⅱ）

《問》確定拠出年金の個人型年金における国民年金基金連合会の役割等に関する次の記述のうち、最も不適切なものはどれか。

1) 国民年金基金連合会は、個人型年金規約を変更しようとするときは、軽微な変更に該当する場合を除き、その変更について厚生労働大臣の承認を受けなければならない。
2) 国民年金基金連合会が自ら行うことを要するのは、個人型年金規約の作成・変更、加入者の拠出限度額の管理の2つの事務に限られている。
3) 国民年金基金連合会から委託を受けた運営管理機関は、その運営管理業務の一部をほかの運営管理機関に再委託することができる。
4) 国民年金基金連合会は、積立金の管理に関する事務について、ほかの機関に委託することができる。

・解説と解答・

1) 適切である（確定拠出年金法57条）。
2) 不適切である。連合会は、個人型年金規約の作成・変更、加入者の拠出限度額の管理のほかに、加入者の資格の確認についても自ら行う必要がある（確定拠出年金法55条、57条、61条1項5号）。
3) 適切である（確定拠出年金法60条3項）。
4) 適切である（確定拠出年金法61条1項3号）。

正解　2)

2－27 運営管理機関の役割等と行為準則（Ⅰ）

《問》確定拠出年金の企業型年金における運営管理機関の役割等に関する
次の記述のうち、最も不適切なものはどれか。
1）確定拠出年金運営管理業は、主務大臣である厚生労働大臣および内
閣総理大臣の登録を受けた法人でなければ営むことができない。
2）記録関連運営管理機関は、加入者等が行った運用の指図を取りまと
めて資産管理機関に通知する役割を担い、資産管理機関は、当該通
知に従って、それぞれの運用方法について契約の締結、変更または
解除その他の必要な措置を行う役割を担っている。
3）運用関連運営管理機関は、運営管理業以外の事業を営む者として行
うことを明示した場合を除き、加入者等に対して、提示した運用方
法のうち特定のものについて指図を行うことまたは指図を行わない
ことを勧める行為をしてはならない。
4）運用関連運営管理機関が、加入者等に対して、提示したほかの金融
商品と比較して特定の金融商品が有利であることを告知・表示する
ことは、加入者の利益に資することになるため禁止されていない。

・解説と解答・

1）適切である（確定拠出年金法88条、114条）。
2）適切である（確定拠出年金法2条7項1号ロ、25条3項、4項）。
3）適切である（確定拠出年金法100条6号）。
4）不適切である。運用関連運営管理機関は、加入者等に対して、提示したほ
かの金融商品と比較して特定の金融商品が有利であることを告知・表示す
ることは禁止されている（確定拠出年金法100条6号、確定拠出年金運営
管理機関に関する命令10条、法令解釈第9－2（4）①ウ）。

正解　4）

2－28　運営管理機関の役割等と行為準則（Ⅱ）

《問》確定拠出年金の企業型年金における運営管理機関の役割等に関する次の記述のうち、最も適切なものはどれか。
1) 銀行その他の政令で定める金融機関は、ほかの法律の規定にかかわらず、厚生労働大臣および内閣総理大臣の登録を受けて運営管理業を営むことができる。
2) 運営管理業務には、運用関連業務と記録関連業務があるが、両業務とも1つの運営管理機関が行わなければならない。
3) 運営管理機関は、運用関連業務に関して生じた加入者等の利益に加えて、上乗せ給付をすることを目的に、加入者等に対し財産上の利益を提供することができる。
4) 運営管理機関は、加入者等から運用方法について質問または照会を受けた場合に当該加入者等に対して、特定の金融商品への運用の指図を行うことが好ましいと推奨することは禁止されていない。

・解説と解答・

1) 適切である（確定拠出年金法88条、114条）。
2) 不適切である。運営管理業務は、必ずしも1つの機関がすべての業務を行う必要はなく、事業主が運営管理業務の一部を運営管理機関に委託することや、委託を受けた運営管理機関が運営管理業務の一部をほかの運営管理機関に再委託することもできる。なお、記録関連業務を行う運営管理機関は、運用関連業務を行う運営管理機関とは別の運営管理機関が行うケースが一般的である（確定拠出年金法2条7項、7条）。
3) 不適切である。運営管理機関は、運用関連業務に関して生じた加入者等の損失を補てんし、または当該業務に関して生じた加入者等の利益に追加するため、当該加入者等または第三者に対し財産上の利益を提供し、または第三者をして提供させること（自己の責めに帰すべき事故による損失の全部または一部を補てんする場合を除く）はできない（確定拠出年金法100条3号）。
4) 不適切である。運営管理機関は、加入者等から質問または照会を受けた場合であっても、特定の運用方法に係る金融商品への運用の指図を行うことを推奨または助言してはならない（法令解釈第9－2（4）②、確定拠出年金法100条6号）。　　　　　　　　　　　　　　　　<u>正解　1)</u>

2－29　事業主の責務と行為準則（Ⅰ）

《問》確定拠出年金の企業型年金を実施する事業主の責務と行為準則に関する次の記述のうち、最も不適切なものはどれか。

1）企業型年金運用指図者に影響を及ぼす規約変更を行う場合に、その内容を周知させるために事業主が企業型年金運用指図者等の氏名や住所等の個人情報を活用することは、「業務の遂行に必要な範囲内」での使用に該当する。

2）緊密な取引関係を有する企業を運営管理機関として選任することは合理的な理由があれば認められるが、緊密な取引関係を有する企業を資産管理機関として選任することは合理的な理由があっても認められていない。

3）事業主は加入者等に対して、特定の運用方法について指図を行うことを勧めることも、特定の運用方法について指図を行わないことを勧めることも、いずれも禁止されている。

4）自社株式を運用方法として提示することは、もっぱら加入者等の利益のみを考慮して業務を遂行するという忠実義務の趣旨に照らして妥当であると認められる場合に限り、行うことができる。

・解説と解答・

1）適切である。このほかに、「業務の遂行に必要な範囲内」での使用に該当するものとしては、加入者資格を喪失した者に対して、個人別管理資産額を踏まえた手続の説明を行うため、脱退一時金の受給要件の判定に必要な範囲内において、個人別管理資産額に関する情報を活用することなどがある（確定拠出年金法43条2項、法令解釈第9－1（2）①ウ）。

2）不適切である。緊密な資本関係、取引関係または人的関係を有する企業であっても、当該企業の専門的能力の水準、業務内容等に関して適正な評価を行った結果、合理的な理由がある場合であれば、運営管理機関または資産管理機関として選任することが可能である（確定拠出年金法43条1項、法令解釈第9－1（1）①）。

3）適切である（確定拠出年金法43条3項、同法施行規則23条3号）。

4）適切である（確定拠出年金法43条1項、法令解釈第9－1（1）④）。

正解　2）

2 −30　事業主の責務と行為準則（Ⅱ）

《問》確定拠出年金の企業型年金を実施する事業主の責務と行為準則に関する次の記述のうち、最も不適切なものはどれか。

1 ）運営管理機関および資産管理機関については、もっぱら加入者等の利益の観点から、業務の専門的能力の水準や業務・サービス内容、手数料の額等に関して、複数の機関について適正な評価を行う等により選任する必要がある。

2 ）加入者等に対して、自己に運用の指図を委託することを勧めることは禁止されているが、第三者（自己または加入者等以外の者）に運用の指図を委託することを勧めることは禁止されていない。

3 ）加入者等に対して、自社株式や関連会社の株式についてだけでなく、自社債券や関連会社の債券についても、運用の指図を行うことを勧めることは、原則として禁止されている。

4 ）加入者等が自己に係る運営管理業務を行う運営管理機関を選択できる場合において、加入者等に対して、特定の運営管理機関を選択することを勧めることは禁止されている。

・解説と解答・

1 ）適切である（法令解釈第 9 − 1 （ 1 ）①）。

2 ）不適切である。加入者等に対し、自己または加入者等以外の第三者に運用の指図を委託することを勧めることは禁止されている（確定拠出年金法施行規則23条 4 号）。

3 ）適切である（法令解釈第 9 − 1 （ 3 ）①）。

4 ）適切である（確定拠出年金法施行規則23条 5 号）。

正解　2 ）

2−31　営業職員の兼務規制

《問》確定拠出年金法等で定められているいわゆる営業職員（運用方法に係る商品の販売もしくはその代理、媒介またはそれらに係る勧誘に関する事務を行う者。以下、同じ）の禁止行為に関する次の㋐〜㋒の記述のうち、適切なものはいくつあるか。

㋐　営業職員が運用方法の選定に係る事務を併せて行うことは認められていない。

㋑　企業型年金加入者等への投資教育は、営業職員が行うことができる。

㋒　金融機関の店頭で個人型年金の加入申込書類を受け付けることは運営管理業務ではないため、営業職員が行うことができる。

1）1つ
2）2つ
3）3つ
4）0（なし）

• 解説と解答 •

㋐　適切である（確定拠出年金法100条7号、確定拠出年金運営管理機関に関する命令10条1号、法令解釈第9−2（5））。

㋑　適切である（確定拠出年金法100条7号、確定拠出年金運営管理機関に関する命令10条）。

㋒　適切である（確定拠出年金法100条7号、確定拠出年金運営管理機関に関する命令10条）。

したがって、適切なものは3つ。

<u>正解　3）</u>

2 −32　加入者等に対する投資教育（Ⅰ）

《問》確定拠出年金の企業型年金における加入者等に対する投資教育（資産の運用に関する情報提供）に関する次の記述のうち、最も適切なものはどれか。
1 ）事業主は、加入者等に対し資産の運用に関する基礎的な資料の提供その他の必要な措置を継続的に講ずるよう努めなければならず、その措置の内容について企業型年金規約に定める必要がある。
2 ）加入者等の投資知識や投資経験は多様であるため、加入者等に対する投資教育は、一般的なレベルの投資知識等を有する加入者等に対応する内容を画一的に実施する必要がある。
3 ）事業主は、運営管理機関が金融機関でない場合には、加入者等に対する投資教育を運営管理機関に委託することができない。
4 ）加入者等に対する投資教育において、加入者等が運用方法を容易に選択できるよう運用リスク度合いに応じた資産配分例を提示することは、特定の運用方法についての指図を勧めることに該当するので禁止されている。

・解説と解答・

1 ）適切である（確定拠出年金法 3 条 3 項12号、22条、同法施行令 3 条 5 号）。
2 ）不適切である。特に、加入後の投資教育において、基本的な事項を習得できていない者に対してはそれらの事項の再教育を実施すること、より高い知識・経験を有する者にも対応できるメニューに配慮することが望ましいとされている（確定拠出年金法22条、法令解釈第 3 − 3 （2）②）。
3 ）不適切である。事業主は、運営管理機関が金融機関であるか否かにかかわらず、加入者等に対する投資教育を運営管理機関に委託することができる（確定拠出年金法22条 1 項、97条）。
4 ）不適切である。加入者等に対する投資教育において、加入者等が運用方法を容易に選択できるよう運用リスク度合いに応じた資産配分例を提示することは、確定拠出年金法100条に定める禁止行為には該当しない（法令解釈第 3 − 3 （3）④オ、第 3 − 5 （1））。

正解　1 ）

2－33 加入者等に対する投資教育（Ⅱ）

《問》確定拠出年金の企業型年金における加入者等に対する投資教育（資産の運用に関する情報提供）に関する次の記述のうち、最も適切なものはどれか。

1）投資教育の方法としては、各加入者等に当該加入者の資産の運用に関する知識および経験等に応じて、最適と考えられる方法であれば、資料やビデオの配布（電磁的方法による提供を含む）による方法も認められている。

2）加入者等の投資知識や投資経験は多様であるが、加入者等に対する投資教育は、一般的なレベルの投資知識等を有する加入者等に対応する内容を画一的に実施すべきとされる。

3）事業主は、加入者等に対する投資教育を運営管理機関に委託することができないため、自らが加入時および加入後の投資教育を計画的に行わなければならない。

4）加入者等に、運用プランモデルを示す場合、提示運用方法に元本確保型の運用方法が含まれるときは、元本確保型のみで運用する運用プランモデルを除いた運用方法間の比較ができるように提示するものとする。

・解説と解答・

1）適切である（確定拠出年金法22条、法令解釈第3－4（1）①）。

2）不適切である。特に、加入後の投資教育において、基本的な事項を習得できていない者に対してはそれらの事項の再教育を実施すること、より高い知識・経験を有する者にも対応できるメニューに配慮することが望ましいとされている（確定拠出年金法22条、法令解釈第3－3（2）②）。

3）不適切である。事業主は、加入者等に対する投資教育を運営管理機関に委託することができる（確定拠出年金法22条、97条、法令解釈第3－1（1））。

4）不適切である。加入者等に、運用プランモデルを示す場合にあっては、提示運用方法に元本確保型の運用方法が含まれるときは、元本確保型のみで運用する方法による運用プランモデルも含め、選定した運用方法間の比較ができるように工夫し、提示するものとする（法令解釈第3－3（4））。

正解　1）

2 −34　運用方法に係る情報の提供

《問》確定拠出年金における企業型運用関連運営管理機関等による運用方法に係る情報提供に関する次の記述のうち、最も不適切なものはどれか。

1) 運用方法に係る情報提供の 1 つとして、損失の可能性に関する事項を提供する必要があるが、利益の見込みに関する事項を提供してはならない。

2) 運用方法に係る情報提供の 1 つとして、加入者等が運用方法を選択し、または変更した場合に必要となる手数料等の内容と負担方法に関する情報を提供する必要がある。

3) 運用方法に係る情報提供の 1 つとして、金融サービスの提供及び利用環境の整備等に関する法律に規定する重要事項に関する情報を提供する必要がある。

4) 運用方法に係る情報提供の 1 つとして、運用方法を加入者等に提示した日の属する月の前月の末日から起算して過去10年間（10年間に満たない場合は当該期間）における利益または損失の実績に関する情報を提供する必要がある。

・解説と解答・

確定拠出年金法24条に定める企業型運用関連運営管理機関等が企業型年金加入者等に対して情報提供すべき事項は、同法施行規則20条に列挙されている。

1) 不適切である。企業型運用関連運営管理機関等は、利益の見込み（利益の見込みを示すことが困難である場合にあってはその旨）および損失の可能性に関する事項を提供する必要がある（確定拠出年金法24条、同法施行規則20条 1 項 1 号）。

2) 適切である（確定拠出年金法24条、同法施行規則20条 1 項 4 号）。

3) 適切である（確定拠出年金法24条、同法施行規則20条 1 項 6 号）。

4) 適切である（確定拠出年金法24条、同法施行規則20条 1 項 2 号）。

<u>正解　1)</u>

2－35　運用方法の選定・提示における留意点

《問》確定拠出年金（簡易企業型年金を除く）の運営管理機関が加入者等に対して行う運用方法の選定・提示における留意点等に関する次の記述のうち、最も不適切なものはどれか。

1）リスク・リターン特性の異なる3以上35以下の運用方法を選定・提示する必要がある。

2）運用方法の提示にあたっては、利益の見込みや損失の可能性等の情報を提供する必要があるが、当該運用方法を選定した理由を示すかどうかについては運営管理機関の任意とされている。

3）運用方法として預貯金を提示する場合、預金保険制度等による保護の対象の有無、対象となっているときはその保護の内容についての情報を提供する必要がある。

4）各運用方法について、加入者等が当該運用方法を選択し、または変更した場合に必要となる手数料その他の費用の内容等に関する情報を提供する必要がある。

・解説と解答・

1）適切である。なお、運用方法の選定・提示において、元本確保型商品の提供義務はない（確定拠出年金法23条、同法施行令15条の2）。

2）不適切である。運営管理機関等は、当該運用方法を選定した理由を示さなければならない（確定拠出年金法23条、同法施行令12条）。

3）適切である（確定拠出年金法24条、同法施行規則20条1項5号イ）。

4）適切である（確定拠出年金法24条、同法施行規則20条1項4号）。

正解　2）

第3章

老後資産形成マネジメント

3 − 1 　投資信託の仕組みと特徴

《問》投資信託の一般的な仕組みや特徴に関する次の記述のうち、最も不
　　適切なものはどれか。
 1 ）上場投資信託（ETF）は時価によって取引され、一般的な投資信
　　託は 1 日 1 回算出される基準価額を基に取引される。
 2 ）上場不動産投資信託（J − REIT）は、投資を目的とする法人を設立
　　することによって組成される会社型の投資信託である。
 3 ）MSCI − KOKUSAI インデックスに連動する投資信託は、日本を含
　　む世界の主要国の株式等の動向を示す時価総額加重平均型の指数に
　　連動するように運用されている。
 4 ）FTSE 世界国債インデックスに連動する投資信託は、世界の主要国
　　の国債市場の動向を示す時価総額加重平均型の指数に連動するよう
　　に運用されている。

・解説と解答・

1 ）適切である。上場投資信託（ETF）は、株式のように指値注文や成行注
　文が可能である。一方、一般的な投資信託は、ブラインド方式を採用して
　おり、基準価額が公表されるのは取引の申込みを締め切った後であり、投
　資家はその日の基準価額がわからない状態で取引を行う。
2 ）適切である。上場不動産投資信託（J − REIT）は、投資を目的とする法人
　を設立することによって組成される会社型の投資信託である。
3 ）不適切である。MSCI − KOKUSAI インデックスは、日本を除く先進国株
　式の動向を示す時価総額加重平均型の指数である。
4 ）適切である。

正解　3 ）

3-2　投資信託の種類と特徴（Ⅰ）

《問》投資信託の種類と特徴に関する次の㋐〜㋒の記述のうち、適切なものはいくつあるか。

㋐　投資信託約款上、投資対象に株式を組み入れることができる場合でも、実際には公社債のみで運用している場合は、公社債投資信託に分類される。

㋑　債券のみで運用する投資信託において、償還までの期間が長い債券を多く組み入れた投資信託は、償還までの期間が短い債券を多く組み入れた投資信託に比べて、一般に、金利変動リスクが大きい。

㋒　不動産投資信託（REIT）は、多くの投資家から集めた資金で、オフィスビル、商業施設等を購入し、その賃貸収入や売買益を投資家に分配する商品であるため、価格が変動せず、安全な金融商品である。

1）　1つ
2）　2つ
3）　3つ
4）　0（なし）

・解説と解答・

㋐　不適切である。株式を組み入れることができる旨が投資信託約款に記載されている場合は、公社債投資信託には分類されず、株式投資信託とされる（投信法4条、同法施行規則6条1項、8条2号、13条）。

㋑　適切である。金利変動リスクは、一般に、残存期間が長い債券ほど大きく、残存期間が短い債券ほど小さいといえる。

㋒　不適切である。不動産投資信託（REIT）は、所有不動産の稼働率、賃料の見通しや金利動向など、さまざまな要因により価格が変動する。

したがって、適切なものは1つ。

正解　1）

3－3　投資信託の種類と特徴（Ⅱ）

《問》投資信託の種類と特徴に関する次の記述のうち、最も適切なものは
どれか。
1）公社債投資信託は、投資信託約款において、公社債の組入比率が
75％以上と定められている。
2）インデックスファンドとは、日経平均株価など、特定の市場全体の
動向を表す指数を上回る運用成果を目指すファンドである。
3）投資信託約款において、株式を組み入れることができる投資信託
は、実際に株式を組み入れていないものであっても、株式投資信託
に分類される。
4）投資信託の設定後における資金の受入れに着目した分類として、
オープン・エンド型とクローズド・エンド型がある。

・解説と解答・

1）不適切である。公社債投資信託は、投資信託約款において、株式を組み入
れることができないと定められている投資信託である。MRF（マネー・
リザーブ・ファンド）は、公社債投資信託の一種であるが、資産の組入比
率が定められているわけではない（投信法4条、同法施行規則6条1項、
8条2号、13条）。
2）不適切である。本肢は、アクティブファンドについての記述である。な
お、インデックスファンドとは、日経平均株価など、特定の市場全体の動
向を表す指数に連動した運用成果を目指すファンドである。
3）適切である（投信法4条、同法施行規則6条1項、8条2号、13条）。
4）不適切である。投資信託の設定後における資金の受入れに着目した分類と
して単位型と追加型があり、資金の解約に着目した分類としてオープン・
エンド型とクローズド・エンド型がある。

正解　3）

3－4　投資信託の運用スタイル（Ⅰ）

《問》投資信託の運用スタイル等に関する次の記述のうち、最も不適切なものはどれか。

1）アクティブ運用とは、あらかじめ定めたベンチマークを上回る運用成績を目指す運用手法である。
2）パッシブ運用とは、あらかじめ定めたベンチマークに連動する運用成績を目指す運用手法である。
3）アクティブ運用を行う投資信託の代表的な例として、インデックスファンドが挙げられる。
4）パッシブ運用を行う投資信託は、アクティブ運用を行う投資信託と比較して、一般に、手数料や信託報酬などのコストが低くなる。

・解説と解答・

1）適切である。
2）適切である。パッシブ運用とは、あらかじめ定めたベンチマークに連動する運用成績を目指す運用手法であり、インデックス運用ともいう。
3）不適切である。インデックスファンドは、パッシブ運用を行う代表的な投資信託である。
4）適切である。パッシブ運用は、運用成績がベンチマークと連動することを目指す運用手法であり、あらかじめ決められた投資対象や方針に基づいて運用するため、積極的な銘柄や資産クラスの入替えや組入比率の変更は行わない。したがって、運用にかかるコストが抑えられることから、パッシブ運用を行う投資信託は、アクティブ運用を行う投資信託と比較して、一般に、信託報酬等のコストが低く設定される。

正解　3）

3－5　投資信託の運用スタイル（Ⅱ）

《問》株式投資信託の運用スタイル等に関する次の記述のうち、最も不適
切なものはどれか。

1）アクティブ運用とは、あらかじめ定めたベンチマークを上回る運用
　成績を目指す運用手法である。

2）インデックス型投資信託は、日経平均株価やJPX日経インデック
　ス400などの株式指数等と連動するように運用され、一般に、運用
　管理費用がアクティブ運用を行う投資信託に比べて低く設定され
　る。

3）グロース運用は、一般に、PER（株価収益率）やPBR（株価純
　資産倍率）等の指標を用いて、株価が割安な水準にあると判断され
　る銘柄を選定して運用するスタイルである。

4）ベア型ファンドは、一般に、ベンチマークのリターンが負の場合に
　正のリターンとなるように運用される投資信託である。

・解説と解答・

1）適切である。

2）適切である。

3）不適切である。本肢は、バリュー運用の説明である。グロース運用とは、
　将来の売上高や利益の伸び率が市場平均よりも高いなど、成長性があると
　思われる銘柄に投資する運用手法である。

4）適切である。ベア型ファンドは、先物取引やオプション取引等を利用し、
　ベンチマークが下落すると、価格が上昇する投資信託である。一方、ブル
　型ファンドは、ベンチマークが上昇すると、そのベンチマークの上昇幅以
　上に価格が上昇する投資信託である。

正解　3）

3－6　投資信託のリスク

《問》投資信託のリスクに関する次の記述のうち、最も適切なものはどれ
か。
1）投資信託において、価格変動リスクとは、債券等を発行する国や企
業が財政難・経営不振などの理由により、利息や償還金をあらかじ
め定めた条件で支払うことができなくなる可能性をいう。
2）公社債投資信託と株式投資信託を比較した場合、一般に、公社債投
資信託のほうがリスクは大きい。
3）債券のみで運用する投資信託において、償還までの期間が長い債券
を多く組み入れた投資信託は、償還までの期間が短い債券を多く組
み入れた投資信託に比べて、一般に、金利変動リスクが大きい。
4）一般に、外貨建て資産に投資している投資信託には為替変動リスク
があり、当該外国通貨に対して円安になれば、基準価額にマイナス
の影響がある。

・解説と解答・

1）不適切である。本肢は、信用リスクについての記述である。価格変動リス
クとは、投資信託に組み入れている株式や債券の価格が変動する可能性を
いう。
2）不適切である。公社債投資信託と株式投資信託を比較した場合、公社債投
資信託の投資対象である債券は、一般に、償還期限や利払いが確定してお
り、値動きが株式よりも安定しているため、公社債投資信託のほうがリス
クは小さい。
3）適切である。債券の金利変動リスクは、一般に、残存期間の長い債券のほ
うが大きく、残存期間の短い債券のほうが小さくなる。
4）不適切である。一般に、投資対象である外国通貨に対して円安になれば基
準価額にプラス、円高になれば基準価額にマイナスの影響がある。

<u>正解　3）</u>

3－7　債券投資

《問》債券投資に関する次の記述のうち、最も適切なものはどれか。
1) 債券には、発行体の債務不履行リスクがあるため、満期まで所有したとしても、元本の償還が必ず保証されているわけではない。
2) わが国の債券市場においては、複利の最終利回り表示を用いるのが一般的である。
3) 同じ発行体が発行した債券であれば、表面利率（クーポン）が異なることはない。
4) 固定利付債券の価格は、一般に、金利上昇局面で上昇し、金利下降局面で下落する。

・解説と解答・

1) 適切である。債券には、発行体の倒産等により利子・元本の全部または一部が支払われなくなるデフォルトリスク（債務不履行リスク）があり、元本の償還が必ず保証されているものではない。
2) 不適切である。わが国では、単利の最終利回りを用いるのが一般的である。
3) 不適切である。同じ発行体の債券でも、表面利率（クーポン）が必ず同一となるわけではない。
4) 不適切である。固定利付債券の価格は、一般に、金利上昇局面で下落し、金利下降局面で上昇する。なお、金利の変化に対する価格変化の感応度は、表面利率（クーポン）が同じであれば、残存期間が長い債券のほうが残存期間が短い債券よりも大きい。

正解　1)

3－8　債券投資の利回り計算

《問》利率年1.4%の利付国債（10年満期）を額面100円当たり102円で購入し、4年後に額面100円当たり98円で売却した場合の所有期間利回りとして、次のうち最も適切なものはどれか。なお、計算は単利の年率換算によることとし、答は表示単位の小数点以下第3位を四捨五入すること。また、税金・手数料等は考慮しないものとする。

1）　▲0.98%
2）　0.02%
3）　0.39%
4）　1.57%

・解説と解答・

$$所有期間利回り（単利） = \frac{年間利息 + \dfrac{売却価格 - 購入価格}{所有期間（年数）}}{購入価格}$$

$$= \frac{1.4円 + \dfrac{98円 - 102円}{4年}}{102円}$$

$$= 0.392\cdots\% \doteqdot 0.39\%$$

したがって、3）が正解となる。

正解　3）

3－9　債券の現在価値

《問》額面金額が100円、利息が年5円で、3年後に償還される利付債の
年率複利最終利回りが2％のとき、この債券の現在価値として、次
のうち最も適切なものはどれか。ただし、計算過程では小数点以下
第3位を四捨五入し、答は円未満を四捨五入すること。

1）105円

2）107円

3）109円

4）111円

● 解説と解答 ●

　年率複利最終利回りがrで、n期までクーポンが受け取れる場合の債券の現
在価値は、以下の算式により求められる。

$$現在価値 = \frac{年利息}{1+r} + \frac{年利息}{(1+r)^2} + \cdots + \frac{年利息}{(1+r)^n} + \frac{償還金額}{(1+r)^n}$$

　rに本問の数値を代入すると、各利回りのもとでの現在価値が算出できる。

$$現在価値 = \frac{5\,円}{1+0.02} + \frac{5\,円}{(1+0.02)^2} + \frac{5\,円}{(1+0.02)^3} + \frac{100\,円}{(1+0.02)^3}$$

$$=108.65\,円$$

$$\fallingdotseq 109\,円$$

正解　3）

3－10　外貨建て投資の留意点

《問》個人が外貨建て投資を行う場合の留意点に関する次の記述のうち、
最も適切なものはどれか。
1）投資時に為替予約を行うことにより、外国為替の変動リスクをヘッ
ジしつつ、為替差益も享受することができる。
2）外貨建商品（為替予約なし）は、投資時に比べて償還時に円安・外
貨高になると為替差益が、円高・外貨安になると為替差損が、それ
ぞれ発生する。
3）外貨定期預金の為替差益については、所得税が非課税となる。
4）日本に本店のある金融機関の商品であれば、外貨定期預金は預金保
険制度による保護の対象となる。

・解説と解答・

1）不適切である。投資時に為替予約を行うことにより、為替変動リスクをヘ
ッジし、利回りを確定することができるが、為替予約レートよりも償還時
に円安・外貨高となった場合には、その為替予約レートを上回る部分の為
替差益は享受できないことになる。
2）適切である。
3）不適切である。外貨預金の為替差益については、先物為替予約を付けた場
合は源泉分離課税、先物為替予約を付けない場合は、原則として雑所得と
して総合課税の扱いとなる。
4）不適切である。外貨預金は、預金保険制度による保護の対象外である（預
金保険機構「預金保険制度の概要」）。

正解　2）

3－11　投資におけるリターンの考え方等（Ⅰ）

> 《問》金融商品の投資におけるリターンの一般的な考え方等に関する次の
> 記述のうち、最も適切なものはどれか。
> 1 ）リスクとリターンはトレードオフの関係にあるので、積極的に高い
> 　　リスクをとることにより、高いリターンを必ず実現することができ
> 　　る。
> 2 ）正規分布はリターンの分布を表すのに用いられる場合があるが、正
> 　　規分布においては、平均値、最頻値（モード）および中央値（メ
> 　　ディアン）がすべて一致する。
> 3 ）1 年間の月次リターンをもとにリターンの年間標準偏差を算出する
> 　　場合、各月次リターンと 1 年間の月次リターンの算術平均値との差
> 　　（偏差）を合計し、その平均を求めることにより算出する。
> 4 ）リターンの分布が正規分布に従う場合、将来の実現リターンが期待
> 　　リターン±1 ×標準偏差の範囲内に入る確率は約95％である。

・解説と解答・

1 ）不適切である。リスクとリターンはトレードオフの関係にあるが、高いリ
　スクをとるということは価格の変動度合いを大きくすることであり、必ず
　高いリターンを実現できるわけではない。

2 ）適切である。正規分布とは、平均値を中心として左右対象の釣鐘型の形状
　をしているグラフである。そのため、最頻値（モード）および中央値（メ
　ディアン）は、平均値に一致することとなる。

3 ）不適切である。1 年間の月次リターンをもとにリターンの年間標準偏差を
　算出する場合、各月次リターンと 1 年間の月次リターンの算術平均値との
　差（偏差）の 2 乗を合計し、その平均の平方根を求めることにより算出す
　る。

4 ）不適切である。将来の実現リターンが期待リターン±1 ×標準偏差の範囲
　内に入る確率は約68.26％である。なお、期待リターン±2 ×標準偏差の
　範囲内に入る確率が約95.44％となる（3 －14の図表参照）。

正解　2 ）

3-12　投資におけるリターンの考え方等（Ⅱ）

《問》金融商品の投資におけるリターンやリスクに関する次の⑦～⑨の記述のうち、適切なものはいくつあるか。

⑦　リスクの高い運用は、リスクの低い運用よりも、常に高い運用成績が得られる。

⑦　リスクとは、ポートフォリオが想定よりも低いリターンとなることだけではなく、想定よりも高いリターンになることも含む。

⑨　リターンの分布が正規分布に従う場合、理論上、将来の実現リターンは約95％の確率で「期待リターン±1×標準偏差」の範囲内に収まる。

1）　1つ
2）　2つ
3）　3つ
4）　0（なし）

・解説と解答・

⑦　不適切である。リスクとリターンはトレードオフの関係にあるが、高いリスクをとるということは価格の変動度合いを大きくすることであり、高いリターンを必ず実現できるわけではない。

⑦　適切である。

⑨　不適切である。将来の実現リターンが、期待リターン±1×標準偏差の範囲内に入る確率は約68.26％である。なお、期待リターン±2×標準偏差の範囲内に入る確率は約95.44％である（3-14の図表参照）。

したがって、適切なものは1つ。

正解　1）

3 －13 投資におけるリターンの考え方等（Ⅲ）

《問》金融商品投資におけるリターンの考え方等に関する次の記述のうち、最も不適切なものはどれか。
 1 ）公社債や預貯金の利息、株式の金銭配当などの収益はインカムゲインといい、有価証券等の価格変動に伴って生じる売買益はキャピタルゲイン（損失の場合はキャピタルロス）という。
 2 ）元本100万円を、税引後の年間利回りが0.5％の 1 年満期の定期預金で 3 年間複利運用した場合の元利金合計は、「100万円×（1 ＋ 0.005）^{3}」で算出される。
 3 ）複数の投資期間におけるリターンの算術平均と幾何平均とを比較した場合、算術平均のほうが期間全体の運用実績を表すのに適している。
 4 ）同一条件で複数の投資期間におけるリターンの算術平均と幾何平均とを比較した場合、「算術平均≧幾何平均」の関係が成り立つ。

・解説と解答・

 1 ）適切である。
 2 ）適切である。
 3 ）不適切である。算術平均とは、一般的によく用いられる平均のことであり、対象となる全データを合計してデータ個数で割ることで求められる。一方、幾何平均とは、累積結果を加味した平均値であり、複利計算等に用いられる。したがって、幾何平均のほうが、期間全体の運用実績を表すのに適している。
 4 ）適切である。

正解　3 ）

3 −14　標準偏差を用いたリターンの推計

《問》リスク（標準偏差）が年2.5％、期待リターンが年4.0％である投資
　　信託の将来のリターンに関する次の記述のうち、最も不適切なもの
　　はどれか。なお、リターンの分布は正規分布に従うものとする。
1）　1年後にリターンが4.0％を下回る確率は、50％である。
2）　1年後にリターンが1.5％から6.5％までの範囲に入る確率は、約
　　75％である。
3）　1年後にリターンが▲1.0％から9.0％までの範囲に入る確率は、約
　　95％である。
4）　1年後にリターンが9.0％を上回る確率は、約2.3％である。

・解説と解答・

1）　適切である。1年後に期待リターン4.0％を上回る確率も下回る確率も、
　　ともに50％である。
2）　不適切である。1年後にリターンが1.5％から6.5％まで（期待リターン
　　4.0％±1×標準偏差2.5％）の範囲に入る確率は、約68.26％である。
3）　適切である。1年後にリターンが▲1.0％から9.0％まで（期待リターン
　　4.0％±2×標準偏差2.5％）の範囲に入る確率は、約95.44％である。
4）　適切である。1年後にリターンが9.0％（期待リターン4.0％＋2×標準偏差
　　2.5％）を上回る確率は、約2.3％（（100％−95.44％）÷2＝2.28％）である。

<u>正解　2）</u>

〈標準正規分布図〉

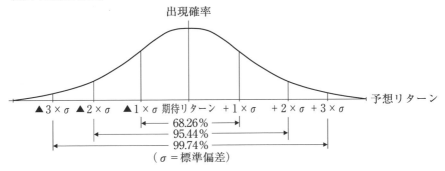

3－15　各種係数の使い方

《問》各種係数に関する次の⑦～①の記述のうち、適切なものはいくつあるか。

⑦　現価係数は、元本を一定期間にわたり一定利率で運用して、その期間終了時に目標とする資金を得るために、現在いくらの元本で運用を開始すればよいかを計算する場合に用いる。

①　年金終価係数は、一定期間にわたり毎年一定金額を積み立てながら、一定利率で運用したときに、期間終了時にいくらになるかを計算する場合に用いる。

⑨　資本回収係数は、元本を一定利率で運用しながら、毎年一定金額を一定期間にわたり取り崩していくときに、毎年いくらずつ受取りができるかを計算する場合に用いる。

①　年金終価係数は減債基金係数と逆数の関係にあり、年金現価係数は資本回収係数と逆数の関係にある。

1) 1つ
2) 2つ
3) 3つ
4) 4つ

・解説と解答・

⑦　適切である。なお、現価係数は、終価係数と逆数の関係にある。

①　適切である。なお、年金終価係数は、減債基金係数と逆数の関係にある。

⑨　適切である。なお、資本回収係数は、年金現価係数と逆数の関係にある。

①　適切である。

したがって、4）が正解となる。

正解　4）

〈参考〉
　左記以外の係数の使い方は、次のとおり。

・終価係数：現在ある元本を一定期間にわたり一定利率で運用して、その運用期間終了時の額がいくらになるかを計算する場合に用いる。

・年金現価係数：希望する年金額を受け取るために必要な年金原資を求める場合に用いる。

・減債基金係数：将来目標とする額を貯めるために必要な毎年の積立額を求める場合に用いる。

124

3－16　複利運用の考え方

《問》複利運用に関する次の記述のうち、最も適切なものはどれか。なお、運用利率の表示は年率であり、利息に対する税金等は考慮しないものとする。また、【巻末資料】の「各種係数表」に基づき答えること。

1) 元本100万円を運用利率5％、期間1年で運用したときの元利合計額は、元本100万円を運用利率1％、期間5年で運用したときの元利合計額と同額である。
2) 元本80万円を運用利率3％、期間7年で運用したときの元利合計額は、100万円以上となる。
3) 運用利率が4％であるとき、現在82万円の元本は、5年後の元利合計額が100万円以上になる。
4) 運用利率が5％であるとき、現在72万円の元本は、7年後の元利合計額が100万円以上になる。

・解説と解答・

1) 不適切である。元本100万円に運用利率5％、期間1年の終価係数1.0500を乗ずると、1年後の元利合計額は1,050,000円。元本100万円に運用利率1％、期間5年の終価係数1.0510を乗ずると、5年後の元利合計額は1,051,000円となり、両者は異なる結果となる。
2) 不適切である。元本80万円に運用利率3％、期間7年の終価係数1.2299を乗ずると、7年後の元利合計額は983,920円となり、100万円に満たない。なお、7年後の元利合計額100万円に運用利率3％、期間7年の現価係数0.8131を乗ずると、現在の必要な元本は813,100円となる。
3) 不適切である。元本82万円に運用利率4％、期間5年の終価係数1.2167を乗ずると、5年後の元利合計額は997,694円となり、100万円に満たない。
4) 適切である。元本72万円に運用利率5％、期間7年の終価係数1.4071を乗ずると、7年後の元利合計額は1,013,112円となり、100万円以上になる。

正解　4）

3 −17　現価係数・終価係数等の計算

《問》現価（現在価値）と終価（将来価値）に関する次の記述のうち、最も適切なものはどれか。なお、税金・手数料等については考慮しないものとする。また、【巻末資料】の「各種係数表」に基づいて答えること。
1 ）元本150万円を年率 2 ％で 7 年間複利運用したときの元利合計金額は、175万円以上となる。
2 ）年率 3 ％で 8 年間複利運用したときの元利合計金額が250万円となるためには、現時点での元本が200万円以上必要となる。
3 ）年率 2 ％で複利運用しながら 5 年間毎年期初に100万円を受け取るためには、現時点での原資として4,807,700円が必要となる。
4 ） 5 年間毎年期初に80万円を積み立て、年率 3 ％で複利運用すると、 5 年後の元利合計金額は、4,463,760円となる。

・解説と解答・

1 ）不適切である。150万円×1.1487（運用利率 2 ％・期間 7 年の終価係数）＝1,723,050円
2 ）不適切である。250万円×0.7894（運用利率 3 ％・期間 8 年の現価係数）＝1,973,500円
3 ）適切である。100万円×4.8077（運用利率 2 ％・期間 5 年の年金現価係数）＝4,807,700円
4 ）不適切である。80万円×5.4684（運用利率 3 ％・期間 5 年の年金終価係数）＝4,374,720円

正解　3 ）

3－18　ドルコスト平均法

《問》投資信託を6万円ずつ購入し、各回の購入単価（1万口当たり基準価額）が下表のとおりであるときの平均購入単価として、次のうち最も適切なものはどれか。なお、税金・手数料等は考慮せず、計算結果は円未満を四捨五入すること。

購入時期	第1回	第2回	第3回	第4回
購入単価 （1万口当たり）	6,000円	7,500円	12,000円	10,000円

1）　8,000円
2）　8,276円
3）　8,875円
4）　10,000円

・解説と解答・

各回の購入数量は以下のとおり。

第1回：6万円÷　6,000円×1万口＝10万口
第2回：6万円÷　7,500円×1万口＝8万口
第3回：6万円÷12,000円×1万口＝5万口
第4回：6万円÷10,000円×1万口＝6万口

平均購入単価は、投資総額を取得総口数で除して求められる。

24万円÷（10万口＋8万口＋5万口＋6万口）×1万口

＝24万円÷29万口×1万口

＝8,275.8…円

≒8,276円

正解　2）

3－19　目論見書と運用報告書

《問》投資信託の目論見書と運用報告書に関する次の記述のうち、最も不
適切なものはどれか。なお、各選択肢における投資家は、適格機関
投資家ではないものとする。
 1）交付目論見書とは、投資信託について投資判断に必要な重要事項を
説明した書類のことで、投資信託を購入する際、原則として、あら
かじめまたは同時に投資家に交付される。
 2）請求目論見書は、投資家から請求があった際に交付しなければなら
ない目論見書で、交付目論見書には記載のないファンドの沿革や経
理状況といった追加的な情報が記載されている。
 3）交付運用報告書は、投資家に交付される運用報告書で、運用報告書
に記載すべき項目のうち重要な項目が記載されている。
 4）運用報告書（全体版）は、その内容を運用会社のwebサイトに掲
載するなどの電磁的方法で提供することは認められておらず、作成
の都度、投資家へ直接交付しなければならない。

・解説と解答・

1）適切である（金融商品取引法15条2項）。
2）適切である（金融商品取引法15条3項）。
3）適切である。運用報告書には交付運用報告書と運用報告書（全体版）があ
り、交付運用報告書では、基準価額などの推移、投資環境や分配金の状況
を記載した当期間中の運用経過や今後の運用方針などが図表などを用い
て、わかりやすく説明されている。
4）不適切である。運用報告書（全体版）は、作成の都度、投資家へ交付する
こととなっているが、投資信託約款において、運用報告書に記載すべき事
項を電磁的方法により提供する旨を定めている場合には、その内容を運用
会社のwebサイトに掲載するなど投資家にとってアクセスしやすい方法
で提供すれば、交付したものとみなされる。

正解　4）

3－20 アセットアロケーション（Ⅰ）

《問》アセットアロケーションに関する次の㋐～㋒の記述のうち、不適切なものはいくつあるか。

㋐ 外貨建て金融商品への投資においては、外国為替レートの変動リスク、政治的リスクなどに留意すべきである。

㋑ リスク回避的な投資家にとって、最適ポートフォリオとは、効率的（有効）フロンティア上のポートフォリオのうち効用が最大となるものをいう。

㋒ 最適なアセットアロケーションは、投資家の年齢と保有資産の2つの要素によってのみ決定される。

1）1つ
2）2つ
3）3つ
4）0（なし）

・解説と解答・

㋐ 適切である。

㋑ 適切である。各投資家にとっての最適ポートフォリオは、効率的（有効）フロンティアと投資家の効用曲線の接点によって決定される。

㋒ 不適切である。アセットアロケーションは、投資家の年齢と保有資産はもちろん、運用の目的、投資期間、リスク許容度など、さまざまな要素によって決定される。

したがって、不適切なものは1つ。

<u>正解　1）</u>

3−21　アセットアロケーション（Ⅱ）

《問》アセットアロケーションに関する次の記述のうち、最も適切なもの
　　はどれか。
1）一般に、アセットアロケーションが運用パフォーマンスに与える影
　　響は、全体の運用パフォーマンスの2割程度である。
2）アセットアロケーションとは、一般に、株式、債券、短期金融商品
　　など、複数の資産クラスに分散して投資する場合の、各資産の配分
　　比率（資産配分）を決定することを意味する。
3）アセットアロケーションを決める際には、外貨建て金融商品はリス
　　クが大きいため考慮すべきではない。
4）最適なアセットアロケーションは、投資家の年齢とリスク許容度の
　　2つの要素によってのみ決定される。

・解説と解答・

1）不適切である。アセットアロケーションは、投資プロセスのなかで運用パ
　フォーマンスに占める影響が非常に大きく、パフォーマンスの90％以上が
　アセットアロケーションで決まるとする研究もある（「ブリンソン命題
　（Determinants of Portfolio Performance）」）。
2）適切である。
3）不適切である。投資可能な状況であれば、分散投資の観点から、外貨建て
　金融商品も考慮する意義はある。
4）不適切である。アセットアロケーションは、投資家の年齢や保有資産、運
　用の目的、投資期間、投資金額、リスク許容度などさまざまな要素によっ
　て決定される。

<u>正解　2）</u>

3－22 相関係数

《問》金融資産間のリターンの相関係数に関する次の記述のうち、最も適切なものはどれか。なお、本問において、リターンは期待リターンを、リスクは標準偏差を示している。

1）金融商品Aと金融商品Bのリターンの相関係数は、金融商品Aのリスクと金融商品Bのリスクを乗じたものを、金融商品Aと金融商品Bの共分散で除して算出される。

2）金融商品Aの価格が下落したときに金融商品Bの価格も下落する関係にある場合、金融商品Aと金融商品Bのリターンは負の相関関係にあり、金融商品Aと金融商品Bのリターンの相関係数はマイナスの値となる。

3）金融商品Aと金融商品Bのリターンの相関係数が▲1である場合、金融商品Aと金融商品Bにより構成されるポートフォリオのリスクは、理論上、その組入比率を調整することにより、ゼロにすることができる。

4）金融商品Aと金融商品Bのリターンの相関係数が1である場合、金融商品Aと金融商品Bにより構成されるポートフォリオのリスクは、金融商品Aと金融商品Bのリスクの加重平均よりも小さくなる。

・解説と解答・

1）不適切である。金融商品Aと金融商品Bのリターンの相関係数は、金融商品Aと金融商品Bの共分散を、金融商品Aのリスクと金融商品Bのリスクを乗じたもので除して算出される。

$$A・Bの相関係数 = \frac{AとBの共分散}{Aのリスク×Bのリスク}$$

2）不適切である。金融商品Aの価格が下落したときに金融商品Bの価格も下落する関係にある場合、金融商品Aと金融商品Bのリターンは正の相関関係にあり、金融商品Aと金融商品Bのリターンの相関係数はプラスの値となる。

3）適切である。本肢のようにリターンの相関係数が▲1となる金融商品A、Bからなるポートフォリオのリスクσ_Pは、金融商品A、Bの組入比率をω_A、ω_Bとし、金融商品A、Bのリスクをσ_A、σ_Bとすると、$\sigma_P = \sqrt{(\omega_A\sigma_A - \omega_B\sigma_B)^2}$となるので、$\omega_A : \omega_B = \sigma_B : \sigma_A$となるような組入比率

に対しては、ポートフォリオのリスクは理論上ゼロとなる。

4）不適切である。金融商品Ａと金融商品Ｂのリターンの相関係数が１である場合、金融商品Ａと金融商品Ｂにより構成されるポートフォリオのリスクは、金融商品Ａと金融商品Ｂのリスクの加重平均と等しくなる。

<u>正解　3）</u>

3−23　期待リターンと分散、リスク（標準偏差）の計算

《問》Aさんは、確定拠出年金の企業型年金に加入しており、証券X、証券Yへ分散投資をしている。企業型年金に加入してからしばらく経ったことをきっかけに、新たな運用先として証券Zへの投資を検討している。このとき、下記の〈資料〉に示された生起シナリオに基づき計算した、証券Zの①期待リターンと②リスク（標準偏差）として、次のうち最も適切なものはどれか。なお、答は表示単位の少数点以下第2位を四捨五入すること。

〈資料〉証券Zの予想リターン等（年率）

	シナリオⅠ	シナリオⅡ	シナリオⅢ
生起確率	25%	40%	35%
予想リターン	▲5.5%	3.0%	2.5%

1 ）①0.0%　②2.5%
2 ）①0.7%　②3.6%
3 ）①0.0%　②4.1%
4 ）①0.7%　②4.4%

・解説と解答・

	生起確率 （p）	予想リターン （R）	偏差 （R−①）	分散 （（R−①）²×p）
シナリオⅠ	25%	▲5.5%	▲6.2%	9.610
シナリオⅡ	40%	3.0%	2.3%	2.116
シナリオⅢ	35%	2.5%	1.8%	1.134
期待リターン（①）		0.7%	合計（分散）	12.86
			標準偏差（√分散）（②）	≒3.6%

期待リターン＝▲5.5%×0.25＋3.0%×0.4＋2.5%×0.35

　　　　　　　＝▲1.375%＋1.2%＋0.875%

　　　　　　　＝0.7%…①

分散 $= \Sigma$ {(予想リターン － 期待リターン)^2 × 生起確率}

$= (\blacktriangle 5.5\% - 0.7\%)^2 \times 0.25 + (3.0\% - 0.7\%)^2 \times 0.4 + (2.5\% - 0.7\%)^2 \times 0.35$

$= 9.610 + 2.116 + 1.134$

$= 12.86$

標準偏差 $= \sqrt{分散} = \sqrt{12.86} = 3.58\cdots\% \fallingdotseq 3.6\%\cdots$②

正解　2）

3-24 ポートフォリオのリターンとリスクの計算

《問》金融商品Aと金融商品Bにより構成されるポートフォリオにおいて、AとBの期待リターン、リスク（標準偏差）、組入比率が以下のとおりであり、AとBの相関係数が0.7である場合、このポートフォリオの期待リターンとリスク（標準偏差）の組合せとして、次のうち最も適切なものはどれか。なお、計算結果は表示単位の小数点以下第3位を四捨五入すること。

	期待リターン	リスク（標準偏差）	組入比率
金融商品A	2.8%	7.2%	40%
金融商品B	3.5%	8.5%	60%

1) 期待リターン　3.08%、リスク　1.69%
2) 期待リターン　3.08%、リスク　3.71%
3) 期待リターン　3.22%、リスク　6.19%
4) 期待リターン　3.22%、リスク　7.41%

・解説と解答・

・ポートフォリオの期待リターン（μ_P）は、次のとおり計算される。

$\mu_P = \omega_A \mu_A + \omega_B \mu_B$

　　ω_A：金融商品Aの組入比率、ω_B：金融商品Bの組入比率、

　　μ_A：金融商品Aの期待リターン、μ_B：金融商品Bの期待リターン

$\mu_P = 0.4 \times 2.8\% + 0.6 \times 3.5\% = 3.22\%$

・ポートフォリオのリスク（σ_P）は、次のとおり計算される。

$\sigma_P = \sqrt{(\omega_A^2 \times \sigma_A^2) + (\omega_B^2 \times \sigma_B^2) + (2 \times \omega_A \times \omega_B \times \rho_{AB} \times \sigma_A \times \sigma_B)}$

　　ω_A：金融商品Aの組入比率　　　　ω_B：金融商品Bの組入比率

　　σ_A：金融商品Aのリスク　　　　　　σ_B：金融商品Bのリスク

　　ρ_{AB}：金融商品Aと金融商品Bの相関係数

$\sigma_P = \sqrt{(0.4^2 \times 7.2^2) + (0.6^2 \times 8.5^2) + (2 \times 0.4 \times 0.6 \times 0.7 \times 7.2 \times 8.5)}$

　　$= \sqrt{8.2944 + 26.01 + 20.5632} = \sqrt{54.8676}$

　　$= 7.407\cdots\% \fallingdotseq 7.41\%$

<u>正解　4)</u>

3－25　株価指数（Ⅰ）

《問》株価指数に関する次の㋐～㋒の記述のうち、適切なものはいくつあるか。

㋐　日経平均株価は、東京証券取引所プライム市場上場銘柄のうち225銘柄を選定し、その株価を使って算出する平均株価指数である。

㋑　TOPIX（東証株価指数）は、内国普通株式を対象とし、新株予約権証券、優先株式、出資証券等は算出対象外としている。

㋒　ナスダック総合指数は、ニューヨーク証券取引所に上場している全銘柄で構成される修正平均型の株価指数である。

1）1つ
2）2つ
3）3つ
4）0（なし）

・解説と解答・

㋐　適切である。2022年4月に東京証券取引所が市場区分の見直しを行ったことに伴い、日経平均株価の算出ルールについても見直しが行われた。

㋑　適切である。TOPIXについても、東京証券取引所の市場区分の見直しに伴い、算出ルールの見直しが行われた。2022年10月～2025年1月を段階的移行期間とし、流通株式時価総額100億円未満の銘柄については「段階的ウエイト低減銘柄」として段階的に構成比率を低減していくとされた。

㋒　不適切である。ナスダック総合指数は、米ナスダック市場に上場している全銘柄で構成される時価総額加重平均型の株価指数である。

したがって、適切なものは2つ。

<u>正解　2）</u>

3－26 株価指数（Ⅱ）

《問》株価指数に関する次の㋐～㋓の記述のうち、適切なものはいくつあるか。

㋐　日経平均株価を構成する225銘柄は、市場流動性やセクターバランスをもとに、定期的に見直される。

㋑　TOPIX（東証株価指数）は、時価総額加重方式により算出される株価指数である。

㋒　ダウ工業株30種平均とは、ニューヨーク証券取引所のほか、主要な市場から選定された製造業30銘柄を対象とした株価指数である。

㋓　FTSE100指数とは、フランクフルト証券取引所に上場している時価総額上位40銘柄で構成される株価指数である。

1）1つ
2）2つ
3）3つ
4）4つ

・解説と解答・

㋐　適切である。日経平均株価の構成銘柄は、原則として、年2回定期的に構成銘柄の入替を行う「定期見直し」と、上場廃止などにより構成銘柄に欠員が生じる場合に銘柄を補充する「臨時入替」が行われている。

㋑　適切である。TOPIX（東京株価指数）は、1968年1月4日の東京証券取引所市場第1部の時価総額を基準値100として指数化し、時価総額加重方式により算出される株価指数である。

㋒　不適切である。ダウ工業株30種平均とは、ニューヨーク証券取引所や米ナスダック市場に上場している主要30銘柄を対象とした株価指数であり、対象銘柄は製造業に限られていない。

㋓　不適切である。FTSE100指数はロンドン証券取引所に上場している時価総額上位100銘柄で構成される株価指数である。なお、フランクフルト証券取引所に上場している主要40銘柄で構成される株価指数はDAX指数である（2021年9月より30銘柄から40銘柄に変更）。

したがって、適切なものは2つ。

正解　2）

3－27　債券の格付

《問》債券の格付に関する次の⑦～⑨の記述のうち、適切なものはいくつ
あるか。

> ⑦　債券の信用格付では、一般に、BB（ムーディーズは Ba）格相当
> 以下の債券は「投機的格付」とされる。
> ④　残存期間や表面利率等のほかの条件が同一であれば、一般に、格
> 付の高い債券ほど利回りが高い。
> ⑨　外貨建てMMFの投資対象は、高い信用格付が付された公社債や
> コマーシャルペーパー等の短期金融商品が中心となっている。

1）1つ
2）2つ
3）3つ
4）0（なし）

・解説と解答・

⑦　適切である。債券の信用格付では、通常、BB（ムーディーズは Ba）格相
当以下の債券は「投機的格付」、BBB（ムーディーズは Baa）格相当以上の
債券は「投資適格格付」とされる。

④　不適切である。高い信用格付が付された債券は、低い信用格付を付された
債券に比べて安全性が高いと評価されており、一般に、債券価格は高く、利
回りは低くなる。

⑨　適切である。
したがって、適切なものは2つ。

<u>正解　2）</u>

3-28 投資信託のパフォーマンス評価（Ⅰ）

《問》投資信託のパフォーマンス評価に関する次の記述のうち、最も不適
切なものはどれか。
1）パフォーマンス評価は、投資信託の運用状況を把握することや、
　　ファンドマネジャーや運用会社の運用技能を評価することなどを目
　　的としている。
2）パフォーマンス評価は、一般に、定量評価と定性評価の組合せによ
　　り行われる。
3）シャープ・レシオはマイナスの値になることがあるが、インフォ
　　メーション・レシオは常にプラスの値となる。
4）パフォーマンス評価は、基本的に過去の実績に基づいて行われるの
　　で、パフォーマンスが良いと評価された投資信託であっても、将来
　　において良い実績が上げられるとは限らない。

・解説と解答・

1）適切である。
2）適切である。数値データである定量面のみならず、定性面からも評価する
　　必要がある。
3）不適切である。超過リターンがマイナスの場合、インフォメーション・レ
　　シオもマイナスの値となる。
4）適切である。過去の実績だけで投資信託を選定することは、必ずしも適切
　　とはいえない。

正解　3）

■代表的なパフォーマンス評価指標

　より少ないリスクで、より高いリターンを獲得しようという発想に基づく考え方であり、「リスクを低く」と「リターンを高く」という2つの基準を、「リターン÷リスクを大きく」という1つの基準に集約したものをリスク調整後測度という。リスク調整後測度におけるリターンには、異なる経済環境下においても正しいパフォーマンス評価ができるよう、無リスク資産利子率をどれだけ上回ったかを示す超過リターンが用いられる。

①シャープ・レシオ $= \dfrac{\text{ポートフォリオのリターン} - \text{無リスク資産利子率}}{\text{ポートフォリオの総リスク}}$

②トレーナー・レシオ $= \dfrac{\text{ポートフォリオのリターン} - \text{無リスク資産利子率}}{\text{ポートフォリオの} \beta \text{（ベータ）}}$

　一般に、総リスクを用いて評価するシャープ・レシオを利用することが望ましい。シャープ・レシオは、総リスク（システマティック・リスクとアンシステマティック・リスクの和）をリスク尺度とする一方、トレーナー・レシオは、（十分に分散化されたポートフォリオにはアンシステマティック・リスクは存在しないことを前提として）β（ベータ）をリスク尺度としている。したがって、分散化が十分になされていないポートフォリオにおいては、トレーナー・レシオでは高い評価となったとしても、シャープ・レシオでは低い評価となることがある。

③インフォメーション・レシオ $= \dfrac{\text{アクティブ・リターン}}{\text{アクティブ・リスク}}$

　アクティブ・リターンとは、対象ポートフォリオとベンチマークのリターンの差（超過リターン）、アクティブリスクとは、その標準偏差である。インフォメーション・レシオは、ベンチマークとの差を表しているので、アンシステマティック・リスク（銘柄固有のリスク）に着目した評価方法といえる。

3－29　投資信託のパフォーマンス評価（Ⅱ）

> 《問》投資信託のパフォーマンス評価に関する次の記述のうち、最も適切なものはどれか。
> 1）パフォーマンス評価の結果は、評価機関によって異なることはない。
> 2）定性評価と定量評価を比較した場合、一般に、定性評価のほうが客観的である。
> 3）シャープ・レシオによりパフォーマンス評価を行う場合、シャープ・レシオの高いほうがパフォーマンスは優れているものと判断される。
> 4）シャープ・レシオによる場合とインフォメーション・レシオによる場合とで、パフォーマンス評価の結果が異なることはない。

・解説と解答・

1）不適切である。パフォーマンス評価における定性評価は、評価機関によって評価項目や重視項目が異なることもあるため、その評価結果は常に同一ではない。

2）不適切である。一般に、定性評価と定量評価を比較すると、数値を用いた計算に基づいて行われる定量評価のほうが客観的である。

3）適切である。なお、シャープ・レシオは、ポートフォリオのリターンの平均値とリスクフリーレート（無リスク資産利子率）の平均値との差を、ポートフォリオのリスク（標準偏差）で除して求める。

4）不適切である。シャープ・レシオによるパフォーマンス評価の結果と、インフォメーション・レシオによるパフォーマンス評価の結果は、異なることもある。なお、インフォメーション・レシオは、ベンチマークに対する超過リターンの平均値（アクティブ・リターン）を、ベンチマークに対する超過リターンの標準偏差（アクティブ・リスク）で除して求める。

正解　3）

3−30　リタイアメントプランニング（Ⅰ）

《問》一般的なリタイアメントプランニングに関する次の記述のうち、最も不適切なものはどれか。

1）公益財団法人生命保険文化センターの「令和4年度生活保障に関する調査」によると、夫婦2人で老後生活を送るうえで必要と考えられている最低日常生活費は平均36.1万円（月額）となっており、公的年金の給付のみでは不足することがわかる。

2）厚生労働省の「第23回生命表（完全生命表）」によると、男性の平均寿命は81.56歳（年）、女性の平均寿命は87.71歳（年）となっており、女性のほうが、老後の生活資金の準備について、必要性がより高いと判断される。

3）妻が年下である場合、夫が先に死亡してから妻が長期間単身で過ごす可能性が高いため、その場合の遺族厚生年金等の概算額を把握し、老後の生活資金が賄えるか否かを検討することが重要である。

4）給与所得者のリタイアメントプランを作成する際は、一般に、老後資金について「拠出＋運用」の期間、「運用のみ」の期間、「運用＋取崩し」の期間に分けて考えることが重要である。

・解説と解答・

1）不適切である。「老後の最低日常生活費（平均23.2万円）」と「老後のゆとりのための上乗せ額を合計したゆとりある老後生活費（平均37.9万円）」は、老後の生活設計を提案するDCプランナーとして、おおよその金額を把握しておきたい。

2）適切である。

3）適切である。

4）適切である。

<u>正解　1）</u>

3-31　リタイアメントプランニング（Ⅱ）

《問》一般的なリタイアメントプランニングに関する次の記述のうち、最も不適切なものはどれか。
1）退職時点からのリタイアメントプランを考える場合、退職時点における平均余命を考慮した期間について、経済的に安定した生活ができる収入等を確保することが必要となる。
2）老後資金は、一般に「拠出＋運用」をする期間、「運用のみ」をする期間、および「運用＋取崩し」をする期間に分けて考えることが必要である。
3）リタイアメントプランにおいて目標積立額を設定し、その目標に向けて資金を蓄えていくことの重要性は、確定拠出年金の企業型年金と個人型年金のいずれにおいても、基本的には同様である。
4）金融広報中央委員会の「家計の金融行動に関する世論調査［二人以上世帯調査］（2023年）」によると、年金に対する考え方について、2023年調査時に、「ゆとりはないが、日常生活費程度はまかなえる」と回答した世帯の割合は、約2割である。

・解説と解答・

1）適切である。
2）適切である。
3）適切である。
4）不適切である。金融広報中央委員会の「家計の金融行動に関する世論調査［二人以上世帯調査］（2023年）」によると、年金に対する考え方について、2023年調査時に、「ゆとりはないが、日常生活費程度はまかなえる」と回答した世帯が52.0％であり、「日常生活費程度もまかなうのが難しい」と回答した世帯は38.1％である。

正解　4）

3-32　ライフプランニング（I）

《問》一般的なライフプランニングに関する次の記述のうち、最も適切な
　　　ものはどれか。
1）自己の人生設計を基にしたライフイベントが、いつ、どのように実
　　行されるのかを一覧表形式で時系列にまとめたものが、キャッシュ
　　フロー表である。
2）一度ライフプランを作成した後は、個人の経済状況に変化があって
　　も、作成したライフプランに則した生活を継続することが大切であ
　　る。
3）家族成熟期において想定されるライフイベントとして、教育資金の
　　準備、老後生活への準備等がある。
4）実際の各資産の価格変動等によって生じた乖離を自己の設定したア
　　セットアロケーションに近づけるように運用の見直しを行うことを
　　リバランスといい、リバランスは頻繁に行う必要がある。

・解説と解答・

1）不適切である。自己の人生設計を基にしたライフイベントが、いつ、どの
　　ように実行されるのかを一覧表形式で時系列にまとめたものは、ライフイ
　　ベント表と呼ばれている。
2）不適切である。一度ライフプランを作成した後も、個人の経済状況の変化
　　等に応じてそれを定期的に見直していくことが必要である。
3）適切である。家族成熟期は、子どもの教育資金や住宅ローンの返済など当
　　面のライフイベントへの対応を行うとともに、自分自身の老後など、将来
　　に向けた準備を本格化させる時期である。なお、年代ごとに想定される一
　　般的なライフイベントは、①独身期（車の購入、保険加入、旅行等）、②
　　家族形成期（結婚、住宅取得の準備等）、③家族成長期（住宅取得、教育
　　資金の準備等）、④家族成熟期（教育資金、老後資金の準備等）、⑤定年退
　　職期（退職、保険の満期等）となっている。
4）不適切である。リバランスは、頻繁に行う必要はない。リバランスを頻繁
　　に行うと、取引コストの増加というデメリットが発生する。

正解　3）

3-33　ライフプランニング（Ⅱ）

《問》 一般的なライフプランニングに関する次の記述のうち、最も不適切なものはどれか。

1) 給与所得者のライフプランニングを行う前提として、可処分所得を把握することは重要であり、一般に、可処分所得は年間の収入金額から社会保険料、所得税・住民税等の税金を差し引いた金額を使用する。

2) キャッシュフロー表の作成においては、子どもの入学・卒業、住宅取得等のライフイベントごとの予算額を具体化し、その価額を将来価値で計上する。

3) キャッシュフロー表の作成においては、収入や支出の項目ごとに今後の上昇率や変動率を設定するが、経済環境・本人の運用能力等を勘案し、現実的な数値を設定することが望ましい。

4) 個人の資産、負債および純資産残高の状況を示すバランスシートの作成において、自宅等の不動産、株式や投資信託等の金融資産の価額は、購入時の価額で計上する。

・解説と解答・

1) 適切である。

2) 適切である。

3) 適切である。

4) 不適切である。資産・負債ともに、バランスシート作成時の時価で計上しなければ実態把握はできない。

正解　4)

3-34 ライフプランとリスク許容度

《問》一般的なライフプランとリスク許容度に関する次の記述のうち、最も不適切なものはどれか。
1 ）リスク許容度に影響を与える要素として、家族状況の変化、健康状態の変化、収入の変化等がある。
2 ）投資対象のリスクは、その資産の実際のリターンが平均的な期待リターンから乖離する度合いにより定量的に測定される。
3 ）資産運用は、Plan － Do － See のプロセスにより実施されていくものであり、リスク許容度の把握は、このうちの「Do」のプロセスに入る。
4 ）リスク許容度の測り方として、対象者である個人にさまざまな質問を行い、その回答を評価することによって、各人をリスク許容度のレベルに応じて数段階に分類する方法などがある。

・解説と解答・

1 ）適切である。リスク許容度は、一人ひとり異なる。
2 ）適切である。投資対象のリスクは、分散や標準偏差により定量的に測定される。
3 ）不適切である。資産運用は、Plan － Do － See のプロセスにより実施されていくものであり、リスク許容度の把握は、このうちの「Plan」のプロセスに入る。
4 ）適切である。なお、質問の具体例としては、「過去に株式投資を行ったことがありますか」「運用している商品が一時的に元本割れしても、そのまま持ち続けられる自信がありますか」などがある。

正解 3 ）

3－35　キャッシュフロー表の作成・分析（Ⅰ）

《問》一般的なキャッシュフロー表の作成・分析等に関する次の記述のう
ち、最も不適切なものはどれか。
1）キャッシュフロー表は、ライフイベントを勘案しながら、現在から
将来にわたる年間の収入・支出と貯蓄残高を把握して、その推移を
時系列により表したものとして作成される。
2）一般に、可処分所得とは、収入から所得税・住民税等の税金や社会
保険料等を差し引いた金額をいうが、キャッシュフロー表における
収入については、可処分所得ではなく、実収入（いわゆる税込み収
入）に基づかなければならない。
3）キャッシュフロー表の作成にあたっては、収入や支出の項目ごとに
今後の上昇率や変動率を考慮した検討を行うことが望ましい。
4）キャッシュフロー表の試算を行ったところ、ライフイベントの内容
等により年間収支がマイナスの数値となる年度が１年度だけあると
いう場合、その対応として新規借入債務の負担または貯蓄の取崩し
等が発生することが考えられ、キャッシュフロー表の貯蓄残高は減
少する。

・解説と解答・

1）適切である。
2）不適切である。キャッシュフロー表における収入については、可処分所得
に基づくことが望ましい。
3）適切である。
4）適切である。なお、試算の結果、恒常的に年間収支がマイナスの数値とな
るようであれば、支出の見直し等の対応が必要であり、見直し後キャッ
シュフロー表を改めて作成する必要がある。

<u>正解　2）</u>

3－36　キャッシュフロー表の作成・分析（Ⅱ）

《問》一般的なキャッシュフロー表に関する次の記述のうち、最も不適切なものはどれか。

1）キャッシュフロー表は、ライフイベントを勘案しながら、年間の収入・支出と貯蓄残高を把握して、その推移を時系列により表したものとして作成される。

2）キャッシュフロー表における年間収支は、常にプラスの数値であることが必要であり、試算を行って年間収支がマイナスの数値となる年度がある場合は、キャッシュフロー表を作成し直す必要がある。

3）キャッシュフロー表の作成にあたっては、収入や支出の項目ごとに、今後の上昇率や変動率を考慮した数値を計上することが望ましい。

4）キャッシュフロー表における当年末貯蓄残高は、前年末貯蓄残高に（1＋運用利率）を乗じた額に、当年の年間収入を加算し、当年の年間支出を減算して算出する。

・解説と解答・

1）適切である。

2）不適切である。キャッシュフロー表において、年間収支が常にプラスの数値で、貯蓄残高が持続的に増えていく状態が望ましいことは確かであるが、教育費や臨時の支出負担が膨らむ時期等、年間収支の額が一時的にマイナスの数値となることもやむをえないものと考えられる。ただし、恒常的に年間収支がマイナスの数値となるようであれば、支出の見直し等の対応が必要であり、キャッシュフロー表を作成し直すことも必要である。

3）適切である。将来の予測として、収入の伸び率や生活費の上昇率、貯蓄残高の運用利回りの変動率などを考慮した数値を計上することが望ましい。

4）適切である。

正解　2）

第4章

総合問題

4－1　公的年金の老齢給付等（Ⅰ）

《問》次の設例に基づき、各問に答えなさい。

――――〈設　例〉――――

　　X社に勤務するAさん（45歳）は、妻Bさん（42歳）との2人暮らしである。Aさんは、2カ月後にX社を退職し、個人事業主として飲食業を開業する予定である。Aさんは、X社退職後に個人事業主となった場合における社会保険および老後資金の準備について詳しく知りたいと考えている。そこでAさんは、DCプランナーのCさんに相談することにした。

※Aさんには、国民年金の未納期間はないものとする。
※Aさんおよび妻Bさんは、現在および将来においても、公的年金制度における障害等級に該当する障害の状態にないものとする。
※上記以外の条件は考慮せず、各問に従うこと。

《問1》　Cさんは、Aさんに対して、Aさんの退職後の国民年金について説明した。Cさんが説明した以下の文章の空欄①～③にあてはまる語句等の組合せとして、次のうち最も適切なものはどれか。

ⅰ）「Aさんは、X社を退職後、国民年金に第1号被保険者として加入することになります。国民年金の種別変更の届出は、厚生年金保険の被保険者資格を喪失した日から、原則として（　①　）以内に住所地の市町村（特別区を含む）の窓口で行うことになります」

ⅱ）「Aさんが個人事業主となった後、収入の減少等により国民年金の保険料を納めることが難しくなった場合、保険料の免除を申請することができます。免除された期間の保険料は追納することができますが、追納ができるのは、追納が承認された月の前（　②　）以内の免除期間の保険料です。なお、追納がない場合、その保険料免除期間は、所定の割合で老齢基礎年金の年金額に反映されます。仮に、Aさんが、保険料の4分の1免除を受け、残り4分の3の保険料を納付し、その期間に係る保険料の追納や国民年金への任意加入を行わなかった場合、その保険料免除期間の月数の（　③　）に相当する月数が、老齢基礎年金の年金額の計算に反映されます」

```
1）　①　10日　　②　10年　　③　4分の3
2）　①　10日　　②　7年　　③　8分の7
3）　①　14日　　②　7年　　③　4分の3
4）　①　14日　　②　10年　　③　8分の7
```

《問2》　Cさんは、Aさんに対して、AさんがX社を退職して個人事業主
　　　　となった場合における老後資金の準備についてアドバイスした。C
　　　　さんのアドバイスとして、適切なものをすべて選びなさい。

1）「Aさんは、国民年金の定額保険料のほかに月額400円の付加保険料
　　を納付することができます。仮に、Aさんが付加保険料を150月納
　　付し、65歳から老齢基礎年金を受給する場合は、年額30,000円の付
　　加年金を受給することができます」

2）「Aさんは、小規模企業共済に加入することができます。小規模企
　　業共済は、一定規模以下である個人事業主等が加入することができ
　　る積立てによる退職金制度です。毎月の掛金は1,000円から50,000円
　　までの範囲内（500円単位）で選択する必要があり、その全額が所
　　得控除の対象となります」

3）「Aさんは、国民年金基金に加入することができます。国民年金基
　　金の毎月の掛金は、加入時の年齢や選択する給付の型などによって
　　異なりますが、掛金の拠出限度額は月額68,000円となります。ただ
　　し、小規模企業共済に加入している場合は、その掛金と合わせて月
　　額68,000円が上限となります」

・解説と解答・

《問1》

ⅰ）「Aさんは、X社を退職後、国民年金に第1号被保険者として加入するこ
　　とになります。国民年金の種別変更の届出は、厚生年金保険の被保険者資
　　格を喪失した日から、原則として（①14日）以内に住所地の市町村（特別
　　区を含む）の窓口で行うことになります」（国年法12条、同法施行規則6
　　条の2）

ⅱ）「Aさんが個人事業主となった後、収入の減少等により国民年金の保険料
　　を納めることが難しくなった場合、保険料の免除を申請することができま
　　す。免除された期間の保険料は追納することができますが、追納ができる

のは、追納が承認された月の前（②10年）以内の免除期間の保険料です。なお、追納がない場合、その保険料免除期間は、所定の割合で老齢基礎年金の年金額に反映されます。仮に、Ａさんが、保険料の４分の１免除を受け、残り４分の３の保険料を納付し、その期間に係る保険料の追納や国民年金への任意加入を行わなかった場合、その保険料免除期間の月数の（③８分の７）に相当する月数が、老齢基礎年金の年金額の計算に反映されます」（国年法27条、90条、90条の２、94条）

正解　4）

《問2》

1) 適切である。付加年金は、「200円×付加保険料納付月数」により算出した額を受け取ることができる。したがって、200円×150月＝30,000円が、65歳から老齢基礎年金に加えて支給される（国年法43条、44条、87条の２）。

2) 不適切である。小規模企業共済の掛金（月額）は、1,000円から70,000円までの範囲内（500円単位）で選択することができ、その全額が小規模企業共済等掛金控除として、所得控除の対象となる（小規模企業共済法２～４条、タックスアンサー No.1135）。

3) 不適切である。国民年金基金と小規模企業共済には同時に加入することができ、双方の間で掛金の調整はない。ただし、確定拠出年金の個人型年金に加入している場合は、国民年金基金の掛金と合わせて月額68,000円が上限となる（国民年金基金「掛金について」）。

　なお、国民年金基金に加入することができるのは、20歳以上60歳未満の自営業者など国民年金の第１号被保険者と、任意加入被保険者のうち、国内に住所を有する60歳以上65歳未満の者および日本国籍を有する者であって日本国内に住所を有しない20歳以上65未満の者である。ただし、国民年金の第１号被保険者であっても、国民年金の保険料の免除等（産前産後の保険料免除者を除く）を受けている者は、原則として、国民年金基金に加入することができない（国年法127条、附則５条１項、11項）。

正解　1）

4－2　公的年金の老齢給付等（Ⅱ）

《問》次の設例に基づき、各問に答えなさい。

――――〈設　例〉――――

　　Aさん（1965（昭和40）年2月24日生まれ、59歳）は、妻Bさん（1967（昭和42）年12月10日生まれ、56歳）と2人暮らしである。Aさんは、大学卒業後から現在に至るまで、X社に勤務しており、その間、厚生年金保険、健康保険、雇用保険に加入している。妻Bさんは、大学卒業後の22歳からAさんと結婚する28歳までは厚生年金保険に加入しており、結婚後は国民年金に第3号被保険者として加入している。また、Aさんが加入している健康保険の被扶養配偶者である。

　　X社は満60歳定年制を採用しているが、再雇用制度が設けられており、その制度を利用した場合、最長65歳まで厚生年金保険の被保険者として勤務することが可能である。Aさんは、X社の再雇用制度を利用して同社に65歳まで勤務する予定であり、その場合の公的年金制度からの給付等について知りたいと考えている。

※妻Bさんは、現在および将来においても、Aさんと同居し、生計維持関係にあるものとする。
※Aさんおよび妻Bさんは、現在および将来においても、公的年金制度における障害等級に該当する障害の状態にないものとする。
※上記以外の条件は考慮せず、各問に従うこと。

《問1》Aさんが、定年退職後も再雇用制度を利用して65歳までX社にフルタイムで勤務し、その後再就職しない場合に、原則として65歳から受給することができる老齢厚生年金の年金額に関する次の記述のうち、適切なものをすべて選びなさい。
1）Aさんは加給年金額の支給要件を満たす配偶者を有しているので、老齢厚生年金に加給年金額が加算される。
2）老齢厚生年金の報酬比例部分の額の計算において、1946（昭和21）年4月2日以後生まれの者に用いる給付乗率は、原則として、2009（平成21）年3月以前の被保険者期間分は1,000分の7.125、2009（平成21）年4月以後の被保険者期間分は1,000分の5.481である。

　　3）老齢厚生年金の報酬比例部分の額の計算において、総報酬制導入前の期間分は平均標準報酬月額、総報酬制導入後の期間分は平均標準報酬額を用いる。

《問2》高年齢雇用継続給付に関する次の記述のうち、適切なものをすべて選びなさい。

　　1）高年齢雇用継続基本給付金は、原則として、支給要件を満たした雇用保険の一般被保険者等に対して支給対象月に支払われた賃金の額が、当該被保険者の60歳到達時の賃金月額の85％未満であるときに支給される。

　　2）高年齢雇用継続基本給付金が支給されるためには、雇用保険の被保険者であった期間（算定基礎期間）が5年以上なければならない。

　　3）高年齢再就職給付金は、原則として、基本手当を受給することなく60歳到達日以後に安定した職業に再就職し雇用保険の一般被保険者等となった者に対して、支給対象月の賃金の額が当該基本手当算出時の賃金日額の30日分の額の一定割合未満となった場合に支給される。

●解説と解答●

《問1》

1）適切である。老齢厚生年金に加算される加給年金額は、厚生年金保険の被保険者期間が原則として20年（240月）以上ある者が老齢厚生年金の受給権を取得した当時、または定額部分を含む特別支給の老齢厚生年金の受給権を取得した当時に、生計を維持していた65歳未満の配偶者または子（18歳に達する日以後最初の3月31日までの間にある子、または20歳未満で障害等級1級または2級の状態にある子）があるときに加算される。子に対する加給年金額は、1人目・2人目の子については各234,800円（2024年度価額）、3人目以降の子については各78,300円（2024年度価額）が加算され、配偶者に対する加給年金額は、234,800円（2024年度価額）に加え、老齢厚生年金の受給権者の生年月日に応じてさらに34,700円〜173,300円（2024年度価額）の特別加算が加算される（厚年法44条）。したがって、Aさんの老齢厚生年金には、配偶者加給年金額が加算されることとなる。

2）不適切である。老齢厚生年金の報酬比例部分の額の計算において、1946

（昭和21）年 4 月 2 日以後生まれの者に用いる給付乗率は、原則として、2003（平成15）年 3 月以前の被保険者期間分は1,000分の7.125、2003（平成15）年 4 月以後の被保険者期間分は1,000分の5.481である（厚年法43条、同法附則（平12・法18号）20条 1 項）。

3 ）適切である。老齢厚生年金の報酬比例部分の額の計算において、総報酬制導入前（2003（平成15）年 3 月以前）の期間分は平均標準報酬月額、総報酬制導入後（2003（平成15）年 4 月以後）の期間分は平均標準報酬額を用いる（厚年法43条、同法附則（平12・法18号）20条 1 項）。

正解　 1 ）、 3 ）

《問 2 》

1 ）不適切である。設例の A さんに対する高年齢雇用継続基本給付金は、原則として、雇用保険の一般被保険者等に対して支給対象月に支払われた賃金の額が、当該被保険者の60歳到達時の賃金日額に相当する額に30を乗じた額の75％未満であるときに支給される（雇用保険法61条）。

2 ）適切である。高年齢雇用継続基本給付金が支給されるためには、雇用保険の被保険者であった期間（算定基礎期間）が 5 年以上なければならない（雇用保険法22条 3 項、 4 項、61条 1 項 1 号）。

3 ）不適切である。高年齢再就職給付金は、原則として、離職日において雇用保険の被保険者であった期間（算定基礎期間）が 5 年以上ある者が、基本手当を受給した後に基本手当の支給残日数を100日以上残して、60歳到達日以後に安定した職業に再就職し雇用保険の一般被保険者等となった者に対して、支給対象月の賃金の額が当該基本手当日額の基礎となった賃金日額の30日分の額の一定割合未満となった場合に支給される。支給残日数が100日以上200日未満のときは 1 年間、200日以上のときは 2 年間が支給対象となる（雇用保険法61条の 2 ）。

正解　 2 ）

4－3　公的年金の老齢給付等（Ⅲ）

《問》次の設例に基づき、各問に答えなさい。

――〈設　例〉――

　Aさんは1978（昭和53）年12月10日生まれで、今年46歳になる。家族は妻（43歳）、長男（17歳）、長女（13歳）、実母（72歳）の5人家族である。Aさんは、高校卒業と同時に実父の家業であった中華料理店（個人事業）の従業員になった。実父が亡くなった後は、Aさんが妻と共同で中華料理店の経営をしている。

　Aさん夫妻はそれぞれ20歳から国民年金に加入し、国民年金保険料を納付しているが、Aさんには現在まで国民年金保険料の半額免除を受けた期間が2年ある。

　Aさんは自分が元気に働ける目途を70歳とし、70歳以後はリタイアして年金や貯蓄の取崩しで生計を賄うことを考えている。Aさんは公的年金の額や年金額を増やす方法を知りたいと思っており、DCプランナーのBさんに相談することにした。

※上記以外の条件は考慮せず、各問に従うこと。

《問1》Bさんは、Aさんが65歳から受給することができる年金見込額について、資料を提示しながら説明を行った。下記の〈Aさんの国民年金保険料の納付状況（予定）〉に基づき計算した、Aさんが65歳から受給することができる老齢基礎年金の年金額として、次のうち最も適切なものはどれか。なお、半額免除期間の保険料の追納は行わないものとし、年金額は2024年度価額に基づいて計算し、年金額の端数処理は円未満を四捨五入すること。

〈Aさんの国民年金保険料の納付状況（予定）〉
　1．保険料納付済期間：38年（456月）
　2．半額免除期間：2016年4月から
　　　　　　　　　　2018年3月までの2年（24月）

1 ）775,200円
2 ）795,600円
3 ）805,800円
4 ）816,000円

《問 2 》 Ｂさんが、Ａさんに対して説明した国民年金の付加年金に関する
　　　　次の記述のうち、適切なものをすべて選びなさい。
1 ）「付加年金の額は、200円に付加保険料を納めた月数を乗じて得た額
　　となります」
2 ）「国民年金基金の加入員になると、付加保険料を納めることができ
　　なくなります」
3 ）「国民年金の付加保険料は、月額400円です」

● 解説と解答 ●

《問 1 》

$$816{,}000円 \times \frac{456月 + 24月 \times \dfrac{3}{4}}{480月} = 805{,}800円$$

（国年法27条）

正解　　3 ）

《問 2 》
1 ）適切である（国年法44条、87条の 2 ）。
2 ）適切である。国民年金基金は国民年金の付加年金を代行しているため、国
　　民年金基金に加入した者は、付加保険料を納付することはできなくなる
　　（国年法87条の 2 ）。
3 ）適切である（国年法87条の 2 ）。

正解　　1 ）、 2 ）、 3 ）

４－４　会社員の確定拠出年金の個人型年金への加入

《問》次の設例に基づき、各問に答えなさい。

――――――――〈設　例〉――――――――

　会社員のＡさん（34歳）は、同じく会社員の妻Ｂさん（34歳）と長男（6歳）の3人家族である。ＡさんとＢさんは、企業年金制度も退職金制度もない会社にそれぞれ勤めている。Ａさん夫妻は、定年後の老後生活資金が公的年金のみであることに不安を感じており、確定拠出年金の個人型年金への加入を検討しているところである。

《問１》個人型年金の掛金に関する次の記述のうち、適切なものをすべて選びなさい。

1) ＡさんとＢさんは、拠出限度額の範囲内において、個人型年金の掛金を1カ月当たり5,000円以上の額を1,000円単位でそれぞれ任意に決めることができる。

2) Ｂさんが会社を退職して専業主婦となり国民年金の第3号被保険者となった場合、個人型年金の掛金の拠出限度額は会社員のときと同額である。

3) ＡさんとＢさんが個人型年金の掛金を事業主を介さずに納付する場合、その引落口座としてＡさんの給与が振り込まれる銀行の口座を指定して、2人分の掛金を引き落とすことができる。

《問２》Ａさんが、35歳から60歳になるまでの25年間、個人型年金に掛金を拠出し、定年退職時に確定拠出年金の老齢給付金を一時金で受け取ることとした場合（収入金額は1,350万円）、Ａさんの退職所得の金額として、次のうち最も適切なものはどれか。なお、Ａさんにはほかの退職所得はないものとする。

1) 100万円
2) 175万円
3) 350万円
4) 675万円

・解説と解答・

《問 1 》

1 ）適切である（個人型年金規約73条）。

2 ）適切である。国民年金の第 2 号被保険者で会社に企業型年金がない者および国民年金の第 3 号被保険者は、どちらも個人型年金の掛金の拠出限度額は月額23,000円（年額276,000円）である（確定拠出年金法69条、同法施行令36条）。

3 ）不適切である。個人型年金の掛金を事業主を介さずに払い込む場合、その引落口座は必ず加入者本人名義のものでなければならない（個人型年金規約76条 2 項）。

正解　 1 ）、 2 ）

《問 2 》

退職所得の金額は、一時金の収入金額から退職所得控除額を控除した残額の 2 分の 1 に相当する金額である。

退職所得控除額は、以下により計算される。なお、確定拠出年金の場合は、掛金を拠出した期間（加入者期間）を勤続年数として計算する（所得税法30条、同法施行令69条、タックスアンサー No.1420）。

勤続年数20年以下：40万円×勤続年数（80万円に満たない場合には、80万円）

勤続年数20年超　：800万円＋70万円×（勤続年数－20年）

※障害者になったことが直接の原因で退職した場合の退職所得控除額は、上記の方法により計算した額に100万円を加えた金額となる。

※勤続年数が 1 年に満たない端数があるときは、 1 年に切り上げる。

Aさんの退職所得控除額：

800万円＋70万円×（25年－20年）＝1,150万円

Aさんの退職所得の金額：

（1,350万円－1,150万円）×$\frac{1}{2}$＝100万円

正解　 1 ）

4－5　企業型年金の導入

《問》次の設例に基づき、各問に答えなさい。

---〈設　例〉---

　　厚生年金保険の適用事業所であるＸ社（従業員数500人）は、退職給付制度として退職一時金制度を導入しているが、企業年金制度は導入していない。このほど、従業員の福利厚生施策の一環として、確定拠出年金の企業型年金の導入を検討している。

《問１》Ｘ社が、企業型年金規約において、従業員を企業型年金加入者とすることについての一定の資格を定める場合に関する次の記述のうち、適切なものをすべて選びなさい。

１）営業職、研究職、事務職など、給与や退職金等の労働条件がほかの職種に属する従業員の労働条件とは別に規定されている場合に、特定の職種に属する従業員のみを企業型年金加入者とすることは、法令上認められている。

２）確定拠出年金の開始時に50歳以上の従業員は、運用する期間が短く、60歳以降の定年退職時に給付を受けられないという不都合が生じるおそれがあることから、50歳未満の従業員のみを企業型年金加入者とすることは、法令上認められている。

３）従業員のうち、加入者となることを希望した者のみを企業型年金加入者とすることは法令上認められており、自分の意思で加入しなかった従業員について、確定拠出年金への掛金の拠出に代わる相当な措置を講じる必要はない。

《問２》Ｘ社が企業型年金規約を定める場合、その内容等に関する次の記述のうち、適切なものをすべて選びなさい。

１）企業型年金規約に定めることができる事業主掛金の算定方法は、原則として「定額方式」「定率方式」「定額方式と定率方式の組合せ」の３つの方法のうち、いずれかによらなければならない。

２）勤続３年未満で企業型年金加入者の資格を喪失した者について、その者の個人別管理資産のうち、当該企業型年金に係る事業主掛金に相当する部分の全部または一部を事業主に返還するよう規約で定めることができる。

3）老齢給付金は年金として支給するのが原則であるが、企業型年金規
　　約において、その全部または一部を一時金として支給することを定
　　めることができる。

・解説と解答・

《問1》

1）適切である。加入者とならない従業員については、基本的には厚生年金基
　　金（加算部分）、確定給付企業年金または退職金制度（退職金前払制度を
　　含む）が適用されていることが必要である（法令解釈第1－1（1）①）。

2）適切である。50歳以上の一定の年齢によって加入者資格を区分し、企業型
　　年金の開始時または企業型年金の加入者資格取得日に、当該一定の年齢未
　　満の従業員のみを加入者とすることができる。また、一旦加入者となった
　　者の加入者資格を一定の資格により喪失する場合は、60歳以上の一定の年
　　齢によって加入者資格を区分し、当該年齢に達した日や当該日の属する月
　　の末日などに、加入者資格を喪失することができる。なお、加入者となら
　　ない従業員については、基本的には退職金制度（退職金前払制度を含む）
　　等が適用されていることが必要である（法令解釈第1－1（1）③）。

3）不適切である。加入者とならない従業員については、基本的には確定給付
　　企業年金または退職金制度（退職金前払制度を含む）が適用されているこ
　　とが必要である（法令解釈第1－1（1）④、（2））。

正解　1）、2）

《問2》

1）適切である（確定拠出年金法4条1項3号、法令解釈第1－2（3））。な
　　お、簡易企業型年金の場合は、事業主掛金は定額のみとなる（確定拠出年
　　金法19条2項、同法施行令10条の3）。

2）適切である。勤続3年未満で企業型年金加入者資格を喪失した者について
　　は、企業型年金規約により、事業主に返還する資産の額の算定方法を定め
　　ることができる（確定拠出年金法3条3項10号）。

3）適切である（確定拠出年金法35条）。

正解　1）、2）、3）

4－6　小規模企業共済への加入の検討

《問》次の設例に基づき、各問に答えなさい。

――――――〈設　例〉――――――

　　間もなく35歳を迎えるＡさん（34歳）は、高校卒業後から会社勤務を
していたが、30歳のときに独立して個人事業主となった。最近は事業の
業績が好調で安定してきたため、Ａさんは、老後のための資金の準備を
始めることとした。

　　Ａさんは、現在、国民年金の第1号被保険者として国民年金保険料と
付加保険料を納めているが、小規模企業共済への加入を検討していると
ころである。

　　Ａさんの妻Ｂさん（32歳）は、Ａさんの共同経営者として事業に参画
して報酬を得ており、国民年金の第1号被保険者として国民年金保険料
を納めているが、付加保険料は納めておらず、ほかの退職金制度等への
加入はしていない。

《問1》小規模企業共済に関する次の記述のうち、適切なものをすべて選
　　びなさい。

1）Ａさんが加入要件を満たして小規模企業共済に加入した場合、引き
　　続き国民年金の付加保険料を納付することは可能である。

2）事業の廃止、会社の役員である共済契約者の疾病・負傷または死亡
　　による退任などにより、小規模企業共済の共済金を受け取るために
　　は、掛金納付月数が60月以上あることが要件となる。

3）小規模企業共済制度の掛金の拠出限度額は、月額70,000円である。

《問2》 Aさんが、小規模企業共済に加入し、満65歳で個人事業を廃業して、小規模企業共済からの分割受取による共済金として年間300万円、公的年金として年間100万円を受け取ると仮定した場合（ほかに所得はないものとする）、Aさんの公的年金等に係る雑所得の金額として、次のうち最も適切なものはどれか。

〈参考〉　公的年金等控除額（抜粋）

受給者の年齢	収入金額（X）		控除額
満65歳以上		330万円未満	110万円
	330万円以上	410万円未満	（X）×25％＋27万5,000円
	410万円以上	770万円未満	（X）×15％＋68万5,000円
	770万円以上	1,000万円未満	（X）×5％＋145万5,000円

1) 2,215,000円
2) 2,615,000円
3) 2,725,000円
4) 2,800,000円

・解説と解答・

《問1》

1) 適切である。国民年金の付加保険料を納付していても、小規模企業共済に加入することができる（付加保険料を納付していることは、共済契約の締結拒絶理由に該当しない（小規模企業共済法3条））。

2) 不適切である。共済金は、掛金納付月数が6月以上ある者に、個人事業の廃止、会社等の解散、会社の役員である共済契約者の疾病・負傷または死亡による退任などの事由が生じた場合に受け取ることができる。また、これらの事由に該当しない者でも、65歳以上で15年（180月）以上掛金を納付した者は、老齢給付として共済金を受け取ることができる（小規模企業共済法9条）。

3) 適切である。小規模企業共済の毎月の掛金は、1,000円から70,000円の範囲内で、500円単位で設定することができる（小規模企業共済法4条）。

<u>正解　1)、3)</u>

《問2》

　公的年金（本問では老齢基礎年金・老齢厚生年金）および小規模企業共済制度の分割共済金は、公的年金等に係る雑所得として公的年金等控除が適用される（所得税法35条、同法施行令82条の2第2項3号、タックスアンサーNo.1600）。

　雑所得の金額＝公的年金等の収入金額－公的年金等控除額
　　　　　　　＝（3,000,000円＋1,000,000円）
　　　　　　　　－｛(3,000,000円＋1,000,000円)×25％＋275,000円｝
　　　　　　　＝2,725,000円

※なお、2020年分以後の所得税、2021年度分以後の個人住民税から、公的年金等控除額は一律10万円（高所得層は20万円または30万円）引き下げられることになった。

正解　3）

4－7　確定拠出年金等のポータビリティ（Ⅰ）

《問》次の設例に基づき、各問に答えなさい。

―――〈設 例〉―――

　厚生年金保険の適用事業所であるG社は、退職給付制度として退職一時金制度を導入していたが、20年前に退職一時金制度を廃止し、確定拠出年金の企業型年金を導入した。

　Aさん（40歳・女性）は、G社に勤めており企業型年金の加入者であったが、今月末に自己都合によりG社を退職する。Aさんの退職時点における個人別管理資産額は、350万円である。

　なお、Aさんの入社は20年前であり、また、Aさんの企業型年金への加入時期は、G社が企業型年金を導入したときである。

《問1》Aさんが、G社を退職した翌月にH社へ再就職をしたとする。この場合のAさんに対するアドバイスとして、適切なものをすべて選びなさい。

1）G社の企業型年金規約において、自己都合退職時にはG社に個人別管理資産の一部を返還する定めがある場合、Aさんは、個人別管理資産の一部を返還しなければならない。

2）H社において企業型年金を実施しており、Aさんがその加入者資格を満たしてH社の企業型年金に加入する場合、Aさんは、G社の企業型年金における個人別管理資産をH社の企業型年金へ移換することができる。

3）H社において、企業型年金は実施していないが、確定給付企業年金制度を実施しており、Aさんが当該確定給付企業年金に加入する場合、Aさんが個人型年金に加入して掛金を拠出することは認められない。

《問2》Aさんは、G社を退職後に専業主婦（無収入）となるか、自営業者として仕事を始めるか検討しているものとする。この場合のAさんに対するアドバイスとして、適切なものをすべて選びなさい。

1）Aさんが専業主婦となる場合、Aさんの配偶者が国民年金の第2号被保険者であるときは、Aさんは、国民年金の第3号被保険者となるので、個人型年金に加入して掛金を拠出することはできない。

166

2）Aさんが自営業者となる場合、Aさんは、国民年金の第1号被保険者となるので、個人型年金に加入することも、個人型年金運用指図者として運用を継続することも可能である。

3）Aさんが退職後、確定拠出年金に加入せず、企業型年金の資格を喪失した日（退職日の翌日）が属する月の翌月から起算して6カ月以内に個人別管理資産の移換の手続を行わない場合、Aさんの個人別管理資産は、国民年金基金連合会に自動移換される。

・解説と解答・

《問1》

1）不適切である。個人別管理資産のうち事業主掛金に相当する部分の全部または一部を事業主に返還することを企業型年金規約で定めることができるのは、勤続3年未満で加入者資格を喪失した場合に限られる。したがって、AさんはG社に20年勤めているので、G社に個人別管理資産を返還する必要はない（確定拠出年金法3条3項10号）。

2）適切である。本肢のように、G社企業型年金の加入者であった者がH社企業型年金の加入者資格を取得した場合は、H社企業型年金の記録関連運営管理機関等に対しその個人別管理資産の移換を申し出たときは、当該個人別管理資産をH社企業型年金の資産管理機関に移換することができる（確定拠出年金80条1項）。

3）不適切である。確定給付企業年金や厚生年金基金の加入者は、加入している企業年金の規約の定めによらず、個人型年金に加入することができる（確定拠出年金法62条）。

<u>正解　2）</u>

《問2》

1）不適切である。国民年金の第3号被保険者は、個人型年金に加入することができる（確定拠出年金法62条1項3号）。

2）適切である。国民年金の第1号被保険者は、個人型年金に加入して掛金拠出を継続するか、掛金を拠出せず運用指図のみを行っていくことができる。また、個人別管理資産を企業年金連合会（通算企業年金）に移換することもできる（確定拠出年金法62条、64条2項、54条の5）。

3）適切である。企業型年金の資格を喪失した日（退職日の翌日）の属する月

の翌月から起算して6カ月以内に移換の手続を行わなかった場合におい
て、企業型年金および個人型年金の加入者、運用指図者のいずれにもなっ
ていないときは、個人別管理資産は国民年金基金連合会（特定運営管理機
関）に自動移換される（確定拠出年金法83条、法令解釈第11−1（2）
③）。

正解　2）、3）

4－8　確定拠出年金等のポータビリティ（Ⅱ）

《問》次の設例に基づき、各問に答えなさい。

――――〈設　例〉――――

　　Ｅさん（39歳）は、勤務先Ｌ社が導入している確定拠出年金の企業型年金加入者である。妻Ｆさん（39歳）は、勤務先Ｍ社が導入している確定拠出年金の企業型年金に加入しているが、来年１月末日で中途退職することが決まっている（なお、Ｆさんには、退職時点において企業型年金の個人別管理資産があるものとする）。Ｆさんは、友人から一緒にフラワーデザインの個人事業を始めないかと誘いを受けており、事業を始めるか専業主婦となるか検討しているところである。

　　Ｅさんとｆさんは、間もなく40歳になるので、この機会に２人で老後に向けた今後の生活設計も見直すこととしている。

《問１》Ｆさんの退職後の個人型年金への加入の可否等に関する次の記述のうち、適切なものをすべて選びなさい。

１）Ｆさんが自営業者となる場合、Ｆさんは、個人型年金加入者になることも、個人型年金運用指図者になることもできない。

２）Ｆさんが自営業者となる場合、Ｆさんは、個人型年金加入者になることはできるが、個人型年金運用指図者になることはできない。

３）Ｆさんが専業主婦（無収入）となる場合、選択により、個人型年金加入者になることも、個人型年金運用指図者になることもできる。

《問２》Ｅさんが35歳から定年退職年齢の60歳になるまで企業型年金に25年間加入した場合において、定年退職時に一時金で受け取ることとした老齢給付金の収入金額が1,450万円であったとき、Ｅさんの退職所得の金額として、次のうち最も適切なものはどれか。なお、Ｅさんには、役員としての勤続年数はなく、また、ほかの退職手当等はないものとする。

１）　　　０円

２）150万円

３）225万円

４）300万円

・解説と解答・

《問1》

1）不適切である。Fさんが自営業者となった場合、国民年金の第1号被保険者となるので、個人型年金加入者となるか、個人型年金運用指図者となるかを選択することができ、その際に個人型年金に個人別管理資産を移換することができる。また、個人別管理資産を企業年金連合会（通算企業年金）に移換することもできる（確定拠出年金法54条の5、62条、64条、82条）。

2）不適切である。解説1）を参照。

3）適切である。国民年金の第3号被保険者も個人型年金加入者または運用指図者となることができ、その際に個人型年金に個人別管理資産を移換することができる。また、個人別管理資産を企業年金連合会（通算企業年金）に移換することもできる（確定拠出年金法54条の5、62条、64条、82条）。

<u>正解　3）</u>

《問2》

・退職所得控除額：800万円＋70万円×（25年－20年）＝1,150万円

・退職所得の金額：（1,450万円－1,150万円）×$\frac{1}{2}$＝150万円

（タックスアンサー No.1420）

<u>正解　2）</u>

4－9　確定拠出年金等のポータビリティ（Ⅲ）

《問》次の設例に基づき、各問に答えなさい。

―――――――〈設　例〉―――――――

　　厚生年金保険の適用事業所であるＧ社は、確定拠出年金の企業型年金を実施している。

　　Ａさん（28歳・女性）は、Ｇ社に勤めており企業型年金の加入者であったが、来月末に自己都合によりＧ社を退職する。Ａさんの退職時点における個人別管理資産の額は、35万円である。Ａさんの入社は6年前の4月1日であり、同日付でＧ社の企業型年金に加入していた。

　　なお、Ａさんは障害給付金の受給権を有していないものとする。

《問1》Ａさんは、Ｇ社を退職後に専業主婦（無収入）となるか、自営業者として仕事を始めるか検討しているものとする。この場合のＡさんに対するアドバイスとして、適切なものをすべて選びなさい。

1）Ａさんが専業主婦となり国民年金の第3号被保険者となった場合、個人型年金の加入者となることはできず、運用指図のみを行っていくことになる。

2）Ａさんが自営業者となる場合、企業型年金の資格を喪失した日（退職日の翌日）が属する月の翌月から起算して6カ月以内であれば、脱退一時金の支給の請求をすることができる。

3）Ａさんが、退職後、確定拠出年金に加入せず、企業型年金の資格を喪失した日（退職日の翌日）が属する月の翌月から起算して6カ月以内に個人別管理資産の移換の手続を行わない場合、Ａさんの個人別管理資産は国民年金基金連合会に自動移換される。

《問2》Ａさんが、Ｇ社を退職後に専業主婦（無収入）となり、個人型年金運用指図者になったものとする。その後、企業型年金のみを実施しているＫ社に再就職しＫ社の企業型年金に加入した場合、Ａさんの個人型年金の個人別管理資産に関する次の㋐〜㋒の記述のうち、適切なものはいくつあるか。

> ㋐　K社の企業型年金へ移換しなければならない。
> ㋑　K社の企業型年金への移換は、任意の時期において申し出ることができる。
> ㋒　K社の企業型年金への移換を行わず、個人型年金の運用指図者として運用を継続することができる。

1) 1つ
2) 2つ
3) 3つ
4) 0（なし）

● 解説と解答 ●

《問1》
1) 不適切である。Aさんが専業主婦となり国民年金の第3号被保険者となった場合、個人型年金の運用指図者として個人別管理資産を運用するだけではなく、個人型年金に加入して掛金を拠出することができる（確定拠出年金法62条、64条）。
2) 不適切である。Aさんの個人別管理資産の額は35万円、加入者であった期間は6年となるため、脱退一時金の支給要件を満たさず、脱退一時金の請求をすることができない（確定拠出年金法附則2条の2、附則3条、同法施行令59条、60条）。
3) 適切である。企業型年金の資格を喪失した日（退職日の翌日）の属する月の翌月から起算して6カ月以内に移換の手続を行わなかった場合、個人別管理資産は国民年金基金連合会（特定運営管理機関）に自動移換される（確定拠出年金法83条、法令解釈第11-1（2）③）。　　　　　　　　正解　3)

《問2》
　確定拠出年金法では、個人型年金運用指図者（個人別管理資産がある者に限る）が企業型年金の加入者の資格を取得した場合において、企業型年金の記録関連運営管理機関等に対し、その個人別管理資産の移換を申し出たときは、個人型年金運用指図者の個人別管理資産を企業型年金の資産管理機関に移換するものとされている。よって、Aさんの個人別管理資産は、㋑任意の時期において移換を申し出ることができ、㋒移換を行わず個人型年金の運用指図者として運用を継続することができる（確定拠出年金法80条）。したがって、適切なものは2つ。　　　　　　　　正解　2)

4－10　退職一時金制度から企業型年金への移行（Ⅰ）

《問》次の設例に基づき、各問に答えなさい。

―――――――〈設　例〉―――――――

　X社は厚生年金保険の適用事業所であるが、現在は退職給付制度として退職一時金制度を導入している。今般、退職一時金制度から確定拠出年金の企業型年金へ全部移行を行うこととなった。

　X社の制度変更日時点の退職一時金制度に関する数値は、以下のとおりである。

　　会社都合要支給額：8億円
　　自己都合要支給額：6億円

《問1》X社が実施する退職一時金制度から過去の勤続期間分を含めた企業型年金への移行に関する次の記述のうち、適切なものをすべて選びなさい。

1）退職一時金制度から企業型年金に移行するにあたり、積立不足が生じている場合には積立不足を一括償却してから移行しなければならない。

2）退職一時金制度から企業型年金に移行するにあたり、一括して資産を移換することはできず、企業型年金規約の定めにより一定期間で均等に分割して移換することになる。

3）企業型年金への加入を選択制とし、加入しなかった者は前払い退職金を毎月受給するとした場合であっても、企業型年金規約に定めることにより、企業型年金に後から加入することができる。

《問 2 》 X社が退職一時金制度から過去の勤続期間分を含めて企業型年金
　　　　へ全部移行する場合、毎年の最小移換額・最大移換額の組合せとし
　　　　て、次のうち最も適切なものはどれか。なお、退職一時金制度の移
　　　　換額には利息を付けないものとし、また、最後の移換日まで資格喪
　　　　失はないものとする。
1) 最小　7,500万円　　　最大　　1 億5,000万円
2) 最小　　1 億円　　　　最大　　2 億円
3) 最小　　1 億2,000万円　最大　　3 億円
4) 最小　　2 億円　　　　最大　　4 億円

・解説と解答・

《問 1 》

1) 不適切である。退職一時金制度は、ほかの企業年金制度とは異なり、積立
　　不足の解消は求められていない。

2) 適切である。規約の定めにより移行日の属する年度から 4 年度以上 8 年度
　　以内の各年度に均等に分割して資産を移換する必要があり、 1 年ごとに任
　　意の額を定めて移換することはできない（確定拠出年金法54条、同法施行
　　令22条 1 項 5 号）。

3) 適切である。企業型年金規約に定めることにより、前払い退職金から企業
　　型年金に変更することはできるが、一旦企業型年金を選択した場合は、そ
　　の後任意に企業型年金の加入者資格を喪失することはできない（確定拠出
　　年金法 3 条 3 項 6 号、法令解釈第 1 - 1 （ 1 ）④、厚生労働省「確定拠出
　　年金 Q&A（令和 6 年 2 月 1 日施行）」No.46）。

<u>正解　2)、 3)</u>

《問 2 》

　退職一時金制度から企業型年金へ全部移行する場合には、規約の定めによ
り、自己都合要支給額を 4 ～ 8 年度で均等に移換することになる（確定拠出年
金法54条、同法施行令22条 1 項 5 号）。

　最小移換額：自己都合要支給額 6 億円÷ 8 年＝7,500万円

　最大移換額：自己都合要支給額 6 億円÷ 4 年＝ 1 億5,000万円

<u>正解　1)</u>

4－11　退職一時金制度から企業型年金への移行（Ⅱ）

《問》次の設例に基づき、各問に答えなさい。

―――――――〈設　例〉―――――――

　　甲社は、退職給付制度として60歳未満の従業員を対象とした退職一時金制度を実施している。今般、コンサルティングを依頼しているDCプランナーのDさんとともにプロジェクトチームを組み、年金で受け取れる制度への移行を検討した結果、確定拠出年金の企業型年金が移行の選択肢に挙がった。そこで、具体的な移行方法などを確認することになった。

　　甲社の退職一時金制度に関する直近の数値は、以下のとおりである。

・会社都合要支給額：16億8,000万円
・自己都合要支給額：11億2,000万円

《問1》甲社は、移行の方法や移行後の取扱いなどをDさんに質問した。Dさんが説明した退職一時金制度から企業型年金への移行に関する次の記述のうち、適切なものをすべて選びなさい。

1）「移行には、過去勤務に係る部分を含めて移行する方法と、将来勤務に係る部分のみを移行する方法がありますが、将来勤務に係る部分のみを移行する場合には、資産の移換は行いません」
2）「移行に際し、資産の移換をする場合は、企業型年金規約に資産の移換に関する事項を記載しなければなりません」
3）「退職一時金から企業型年金に資産を移換した場合における、当該資産の移換対象となった勤務期間は、企業型年金の老齢給付金の支給開始可能年齢の判定に用いる通算加入者等期間には算入されません」

《問2》甲社は、退職一時金制度を廃止し、過去勤務に係る部分も含めて退職一時金制度の全部を企業型年金に移行することを決定した。また、資産の移換は、法令上認められている最長期間で行うこととした。Dさんが説明した、この場合における資産の移換額の計算方法等に関する次の文章の空欄①～③にあてはまる語句等の組合せとして、次のうち最も適切なものはどれか。

過去勤務に係る部分も含めて退職一時金制度の全部を企業型年金に移換する場合における移換額の総額は、退職金規程の廃止日の前日における（　①　）となります。また、法令上認められている最長期間で資産の移換を行う場合は、移行日の属する年度の翌年度から起算して（　②　）までの各年度に均等に分割して、資産の移換を行うこととなります。甲社の直近の数値で計算すると、1年あたりの移換額は（　③　）となります。

1）①会社都合要支給額　　②7年度　　③2億1,000万円
2）①会社都合要支給額　　②6年度　　③2億4,000万円
3）①自己都合要支給額　　②7年度　　③1億4,000万円
4）①自己都合要支給額　　②6年度　　③1億6,000万円

・解説と解答・

《問1》
1）適切である。将来勤務に係る部分のみを移行する場合は、過去勤務に係る部分には企業型年金が適用されないため、過去勤務に係る部分に対応する資産の移換は行わず、移行後の掛金の拠出のみにより年金資産が形成される。
2）適切である（確定拠出年金法施行令3条6号）。
3）不適切である。移換の対象となった期間は、通算加入者等期間に算入される（確定拠出年金法54条2項、同法施行令24条1項）。

<u>正解　1）、2）</u>

《問2》
　過去勤務に係る部分も含めて退職一時金制度の全部を企業型年金に移換する場合における移換額の総額は、退職金規程の廃止日の前日における（①自己都

合要支給額）となります。また、法令上認められている最長期間で資産の移換を行う場合は、移行日の属する年度の翌年度から起算して（②7年度）までの各年度に均等に分割して、資産の移換を行うこととなります。甲社の直近の数値で計算すると、1年あたりの移換額は（③1億4,000万円）となります（確定拠出年金法54条、同法施行令22条1項5号）。

<u>正解　3）</u>

4－12　ポートフォリオ構築とパフォーマンス評価（Ⅰ）

《問》次の設例に基づき、各問に答えなさい。

──〈設　例〉──

　Aさんは、勤務先の会社が導入している確定拠出年金の企業型年金における運用資産の選択肢として、①A投資信託、②B投資信託、③ポートフォリオX、④ポートフォリオYを検討している。なお、ポートフォリオXとポートフォリオYは、いずれもA投資信託とB投資信託により構成されているが、その組入比率が異なっている。

　A投資信託、B投資信託、ポートフォリオXおよびポートフォリオYのそれぞれの年率の期待リターンとリスク（標準偏差）は、次のとおりである。

	期待リターン	リスク（標準偏差）
①A投資信託	3.5%	7.0%
②B投資信託	5.5%	10.0%
③ポートフォリオX	4.7%	6.1%
④ポートフォリオY	4.3%	5.2%

《問1》ポートフォリオXにおけるA投資信託とB投資信託の組入比率として、次のうち最も適切なものはどれか。
1）A投資信託40%、B投資信託60%
2）A投資信託45%、B投資信託55%
3）A投資信託50%、B投資信託50%
4）A投資信託60%、B投資信託40%

《問2》ポートフォリオYにおけるA投資信託とB投資信託の組入比率
　　　　が、A投資信託60%、B投資信託40%の場合、A投資信託とB投
　　　　資信託の相関係数の値として、次のうち最も適切なものはどれか。な
　　　　お、答は表示単位の小数点以下第3位を四捨五入すること。
　　1）　　0.20
　　2）　　0.39
　　3）　▲0.20
　　4）　▲0.39

・解説と解答・

《問1》
　ポートフォリオの期待リターンは、組入投資信託のリターンの加重平均で計
算することになる。A投資信託の組入比率をαとすると、B投資信託の組入
比率は（1－α）であるから、ポートフォリオXの期待リターンは、次の式で
計算できる。
$$3.5\% \times \alpha + 5.5\% \times (1-\alpha) = 4.7\%$$
$$(5.5\% - 3.5\%) \times \alpha = 5.5\% - 4.7\%$$
$$2.0\% \times \alpha = 0.8\%$$
$$\alpha = 40\%$$

<u>正解　1）</u>

《問2》
　ポートフォリオのリスク（標準偏差）は、以下の算式により求められる。
$$\sigma_P = \sqrt{(\omega_A^2 \times \sigma_A^2) + (\omega_B^2 \times \sigma_B^2) + (2 \times \omega_A \times \omega_B \times \rho_{AB} \times \sigma_A \times \sigma_B)}$$
　　　ω_A：A投資信託の組入比率　　　　ω_B：B投資信託の組入比率
　　　σ_A：A投資信託のリスク　　　　　　σ_B：B投資信託のリスク
　　　ρ_{AB}：A投資信託とB投資信託の相関係数
$$5.2^2 = (0.6^2 \times 7.0^2) + (0.4^2 \times 10.0^2) + (2 \times 0.6 \times 0.4 \times \rho_{AB} \times 7.0 \times 10.0)$$
$$27.04 = 17.64 + 16 + 33.6 \times \rho_{AB}$$
$$\rho_{AB} = (27.04 - 17.64 - 16) \div 33.6 = ▲0.196\cdots \fallingdotseq ▲0.20$$

<u>正解　3）</u>

4－13　ポートフォリオ構築とパフォーマンス評価（Ⅱ）

《問》次の設例に基づき、各問に答えなさい。

─〈設　例〉─

　41歳の自営業者であるAさんは、現在、3年前に購入したX投資信託を特定口座の源泉徴収選択口座で100万口保有しているが、老後の生活への備えとして本格的に資産運用に取り組むことにした。

　Aさんは、確定拠出年金口座においてY投資信託を購入することを検討しているが、運用の開始にあたり、改めてX投資信託やY投資信託の特徴について詳しく知りたいと思い、DCプランナーのBさんに相談することにした。

〈X投資信託に関する資料〉
・グローバル・ハイ・イールド・ファンド
・追加型／海外／債券　為替ヘッジなし
・主な投資対象：世界各国のハイ・イールド債券
・信託期間：無期限

〈Y投資信託に関する資料〉
・米国株式インデックス・ファンド
・追加型／海外／株式／インデックス型　為替ヘッジなし
・主な投資対象：米国の株式等
・信託期間：無期限

〈資料〉X投資信託とY投資信託の過去5年間の実績収益率（年率）等に関する情報

ファンド名	実績収益率の平均値	実績収益率の標準偏差
X投資信託	4.6%	10.0%
Y投資信託	10.0%	15.0%

※上記以外の条件は考慮せず、各問に従うこと。

《問１》〈資料〉に基づくＸ投資信託とＹ投資信託の過去５年間の運用パフォーマンスの比較評価に関する次の記述の空欄①、②にあてはまる語句等の組合せとして、次のうち最も適切なものはどれか。

ポートフォリオの運用パフォーマンスの評価方法の１つとして、シャープ・レシオがある。無リスク資産利子率を1.0％（年率の平均値）として、〈資料〉の数値によりＸ投資信託のシャープ・レシオの値を算出すると（　①　）となる。同様にＹ投資信託のシャープ・レシオを算出し、両ファンドの過去５年間の運用パフォーマンスを比較すると、（　②　）のほうが効率的な運用であったと判断することができる。

1）①0.36　②Ｘ投資信託
2）①0.36　②Ｙ投資信託
3）①0.46　②Ｘ投資信託
4）①0.46　②Ｙ投資信託

《問２》投資信託のパフォーマンス評価に関する次の㋐〜㋓の記述のうち、適切なものをすべて挙げた組合せはどれか。

㋐　トラッキングエラー（アクティブ・リスク）とは、評価対象のリターンとベンチマークのリターンの乖離の大きさを示す指標であり、ベンチマークに対する超過リターンの標準偏差により表される。

㋑　インフォメーション・レシオは、アクティブ・リターンを、トラッキングエラー（アクティブ・リスク）の２乗で除して求める。

㋒　シャープ・レシオは常にプラスの数値となるが、インフォメーション・レシオはマイナスの数値となることがある。

㋓　シャープ・レシオによる場合とインフォメーション・レシオによる場合とで、パフォーマンス評価の結果が異なることがある。

1）㋐、㋑
2）㋐、㋓
3）㋑、㋓
4）㋐、㋑、㋒

・解説と解答・

《問1》

シャープ・レシオは、ポートフォリオの超過収益率（実績収益率の平均値−無リスク資産利子率）を標準偏差で除して算出される。

X投資信託のシャープ・レシオ＝（4.6％−1.0％）÷10.0％＝0.36…①

Y投資信託のシャープ・レシオ＝（10.0％−1.0％）÷15.0％＝0.6

よって、Y投資信託のほうが効率的な運用であったことがわかる。…②

正解　2）

《問2》

㋐　適切である。

㋑　不適切である。インフォメーション・レシオは、アクティブ・リターンを、トラッキングエラー（アクティブ・リスク）で除して求める。

㋒　不適切である。シャープ・レシオは、リスクフリーレート（無リスク資産利子率）と比較した超過リターンの平均値がマイナスであれば、マイナスの数値となる。インフォメーション・レシオも、ベンチマークと比較した超過リターンの平均値がマイナスであれば、マイナスの数値となる。

㋓　適切である。

したがって、2）が正解となる。

正解　2）

4-14　運用商品のリターン・リスク計算

《問》次の設例に基づき、各問に答えなさい。

――――――――〈設　例〉――――――――

　Aさん（30歳）は、確定拠出年金の企業型年金に加入しているが、加入時に商品ⓐ、ⓑ、ⓒへの掛金の配分指定をして以来、商品変更等の指図を行っていなかった。先日、運営管理機関から「確定拠出年金のお取引状況・残高のお知らせ」を受け取ったことをきっかけに、現在の運用商品の再考と新たな運用先として商品ⓓを検討しようと考え、DCプランナーのBさんに相談することにした。

　下記は、見直しにあたってAさんが用意した資料である。なお、Aさんの企業型年金の加入者期間は、今年で6年となる。また、Aさんの個人別管理資産にはほかの企業年金制度からの移換金はなく、企業型年金加入者掛金（マッチング拠出）は導入されていない。

〈資料1〉　Aさんが保有する各商品の残高割合

商品名	割合
商品ⓐ	34%
商品ⓑ	45%
商品ⓒ	21%
合計	100%

〈資料2〉　各商品の期待リターン・リスク（標準偏差）

商品名	期待リターン	リスク（標準偏差）
商品ⓐ	4.9%	15.6%
商品ⓑ	1.1%	1.8%
商品ⓒ	0.2%	0.3%
商品ⓓ	4.2%	5.1%

※リターン・リスク（標準偏差）は、年率とする。
※上記以外の条件は考慮せず、各問に従うこと。

《問1》　Aさんが保有する商品ⓐ〜ⓒで構成されるポートフォリオの現時
　　　　点における期待リターンとして、次のうち最も適切なものはどれ
　　　　か。なお、答は表示単位の小数点以下第2位を四捨五入すること。
　1）2.1％
　2）2.2％
　3）2.6％
　4）3.1％

《問2》　Aさんは商品ⓐ〜ⓓのなかから、シャープ・レシオが最も低い商
　　　　品を除く3つの商品で運用することを検討している。商品ⓐ〜ⓓの
　　　　うち、シャープ・レシオが最も低いものはどれか。なお、リスクフ
　　　　リーレート（無リスク資産利子率）は0.1％とする。
　1）ⓐ
　2）ⓑ
　3）ⓒ
　4）ⓓ

●解説と解答●

《問1》
　ポートフォリオの期待リターン
　$(4.9\% \times 0.34) + (1.1\% \times 0.45) + (0.2\% \times 0.21) = 2.20\cdots\% \fallingdotseq 2.2\%$

<u>正解　2）</u>

《問2》
　商品ⓐ〜ⓓのシャープ・レシオ
　商品ⓐ　$(4.9\% - 0.1\%) \div 15.6\% = 0.307\cdots \fallingdotseq 0.31$
　商品ⓑ　$(1.1\% - 0.1\%) \div 1.8\% = 0.555\cdots \fallingdotseq 0.56$
　商品ⓒ　$(0.2\% - 0.1\%) \div 0.3\% = 0.333\cdots \fallingdotseq 0.33$
　商品ⓓ　$(4.2\% - 0.1\%) \div 5.1\% = 0.803\cdots \fallingdotseq 0.80$
　したがって、商品ⓐが最もシャープ・レシオが低い。

<u>正解　1）</u>

4 −15　自営業者のリタイアメントプランニング（Ⅰ）

《問》次の設例に基づき、各問に答えなさい。

――――――〈設　例〉――――――

　　自営業を営むGさん（34歳）は、妻Hさん（34歳）と長男（3歳）
の3人家族である。Gさんは、間もなく35歳になるので、これを機に、
老後のための資産形成を始めようと考えており、確定拠出年金の個人型
年金への加入や、国民年金基金への加入などについて検討しているとこ
ろである。

　　なお、Gさん、Hさんは、ともに現在は国民年金のみに加入してお
り、付加保険料は支払っていない。

《問1》Gさん夫妻は、確定拠出年金の個人型年金に35歳から60歳にな
るまで25年間加入し、60歳到達時点での個人型年金の個人別管理資
産を2人分の合計で3,000万円確保したいと考えている。この場合、
Gさん夫妻の個人別管理資産が合計で3,000万円を超えるために最
低限必要となる年間拠出額（2人分の合計額）として、次のうち最
も適切なものはどれか。なお、確定拠出年金の拠出は年初に1回行
うものとし、全期間について年率2％で運用し、答は万円未満を切
り上げること。また、税金・手数料等は考慮しないものとする。
1）900,000円
2）910,000円
3）920,000円
4）930,000円

《問2》 Gさん夫妻は、60歳時点で確保できた原資を、60歳から65歳までの5年間運用し、65歳から15年間にわたり毎年300万円ずつ年金として受け取ることを考えている。この場合、Gさん夫妻が60歳時点で最低限確保しなければならない原資の額として、次のうち最も適切なものはどれか。なお、全期間について年率2％で運用するものとし、答は万円未満を切り上げること。また、税金・手数料等は考慮しないものとする。

1）3,562万円
2）4,076万円
3）4,500万円
4）4,793万円

● 解説と解答 ●

《問1》
　Gさん夫妻は、60歳到達時点での個人型年金の個人別管理資産を2人分の合計で3,000万円確保したいのであるから、年間拠出額は次により求められる。

　30,000,000円÷32.6709（運用利率2％・期間25年の年金終価係数）
　＝918,248.34…円≒920,000円（万円未満切上げ）

　したがって、最低限必要となる年間拠出額は、肢3）の920,000円となる。

正解　3）

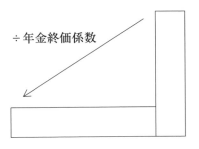

÷年金終価係数

《問2》
　一定の運用期間を経て年金として受け取る場合の原資の額は、以下の算式で求めることができる。
　年金受取額×年金現価係数×現価係数
・3,000,000円×13.1062（運用利率2％・期間15年の年金現価係数）×0.9057（運用利率2％・期間5年の現価係数）
　＝35,610,856.02円≒3,562万円（万円未満切上げ）

<u>正解　1）</u>

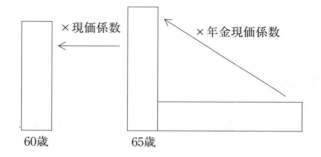

4−16　自営業者のリタイアメントプランニング（Ⅱ）

《問》次の設例に基づき、各問に答えなさい。

──〈設　例〉──

　個人事業主のＡさん（40歳）は、妻Ｂさん（40歳）とともに、飲食店を営んでいる。Ａさん夫妻は、老後の生活資金の準備として、確定拠出年金の個人型年金や国民年金基金への加入、国民年金の付加保険料について検討している。

〈Ａさんの家族構成等〉

　Ａさん（40歳）　　：個人事業主。20歳から国民年金に第1号被保険者として加入しており、保険料の免除期間や未納期間はない。

　妻Ｂさん（40歳）　：18歳から23歳まで厚生年金保険に加入。23歳でＡさんと結婚した後は、国民年金に第1号被保険者として加入し、保険料を納付している。Ａさんと同様、保険料の免除期間や未納期間はない。

　※Ａさんおよび妻Ｂさんは、現在および将来においても、公的年金制度における障害等級に該当する障害の状態にないものとする。

　※上記以外の条件は考慮せず、各問に従うこと。

《問1》確定拠出年金の個人型年金への加入等に関する次の記述のうち、適切なものをすべて選びなさい。

1）国民年金の第1号被保険者が国民年金基金と個人型年金に同時に加入する場合、拠出することができる掛金は、それぞれ、1カ月当たり68,000円が上限となる。

2）Ａさんが国民年金の付加保険料を納付するとともに、個人型年金に加入する場合、Ａさんが個人型年金に拠出できる掛金の限度額は、1カ月当たり67,000円となる。

3）個人型年金に加入した場合、国民年金基金連合会に対して、加入時に2,829円、毎月の掛金拠出時に105円の手数料を支払うほか、運営管理機関等が定める手数料を負担する必要がある。

《問2》 Aさん夫妻は、60歳時点で確保できた原資を、60歳から65歳までの5年間運用し、65歳から10年間にわたり毎年年初に100万円ずつ年金として受け取ることを考えている。この場合、Aさん夫妻が60歳時点で最低限確保しなければならない原資の額として、次のうち最も適切なものはどれか。なお、全期間について年率1％で運用するものとし、答は万円未満を切り上げること。また、税金・手数料等は考慮しないものとする。

1）906万円
2）911万円
3）952万円
4）957万円

・解説と解答・

《問1》

1）不適切である。国民年金基金の掛金の上限は1カ月当たり68,000円であり、加入者が確定拠出年金の個人型年金にも加入している場合には、国民年金基金の掛金と個人型年金の掛金を合わせて68,000円以内とされている（確定拠出年金法69条、同法施行令36条）。

2）適切である。個人型年金の掛金の額は、5,000円以上の額を1,000円単位とされているため、国民年金の付加保険料（月額400円）を納付している場合の個人型年金の掛金の拠出限度額は、1カ月当たり67,000円となる（確定拠出年金法69条、同法施行令36条、個人型年金規約73条、国年法87条の2）。

3）適切である（個人型年金規約142条）。

<u>正解　2）、3）</u>

《問2》

・1,000,000円×9.5660（運用利率1％・期間10年の年金現価係数）×0.9515（運用利率1％・期間5年の現価係数）
　＝9,102,049円≒911万円（万円未満切上げ）

<u>正解　2）</u>

4－17　会社員のリタイアメントプランニング

《問》次の設例に基づき、各問に答えなさい。

―――――〈設　例〉―――――

　Cさん（男性・29歳）が勤務しているM社では、今般、確定拠出年金の企業型年金を導入することとなった。M社の定年は60歳であることから、Cさんは、企業型年金への加入を機に、定年後の資金の準備について勉強を始めたところである。

《問1》Cさんは、60歳時点で、住宅ローン残高（見込み）1,000万円を一括返済する原資と、公的年金の支給開始となる65歳までの5年間、毎年250万円ずつ受け取る「つなぎ年金」の原資の合計額を、確定拠出年金とは別に確保したいと考えている。60歳以降、年率2％で運用できるとした場合、Cさんが60歳時点で準備すべき金額として、次のうち最も適切なものはどれか。なお、答は万円未満を切り上げることとし、税金・手数料等は考慮しないこととする。
1）1,202万円
2）2,202万円
3）2,328万円
4）2,452万円

《問2》Cさんが60歳になるまで企業型年金に30年間加入し、定年退職時に確定拠出年金の老齢給付金を一時金で受け取ることとした場合（収入金額は1,680万円）、Cさんの退職所得の金額として、次のうち最も適切なものはどれか。なお、Cさんには、役員としての勤続年数はなく、ほかの退職手当等はないものとする。
1）　　　0円
2）　90万円
3）180万円
4）240万円

● 解説と解答 ●

《問1》

・つなぎ年金に係る原資：
  2,500,000円×4.8077（運用利率2％・期間5年の年金現価係数）
  ＝12,019,250円≒1,202万円（万円未満切上げ）
・住宅ローンの一括返済額：1,000万円
・1,202万円＋1,000万円＝2,202万円

正解　2）

《問2》

　退職所得の金額は、一時金の収入金額から退職所得控除額を控除した残額の2分の1に相当する金額である（所得税法30条、タックスアンサー No.1420）。

　退職所得控除額は、以下により計算される。

　　勤続年数20年以下：40万円×勤続年数（最低80万円）

　　勤続年数20年超　：800万円＋70万円×（勤続年数－20年）

　　Cさんの退職所得控除額：

　　800万円＋70万円×（30年－20年）＝1,500万円

　　Cさんの退職所得の金額：

　　（1,680万円－1,500万円）×$\frac{1}{2}$＝90万円

正解　2）

【巻末資料】 各種係数表

〔資料1〕 終価係数表

		運用利率（％）				
		1 ％	2 ％	3 ％	4 ％	5 ％
期間（年）	1	1.0100	1.0200	1.0300	1.0400	1.0500
	2	1.0201	1.0404	1.0609	1.0816	1.1025
	3	1.0303	1.0612	1.0927	1.1249	1.1576
	4	1.0406	1.0824	1.1255	1.1699	1.2155
	5	1.0510	1.1041	1.1593	1.2167	1.2763
	6	1.0615	1.1262	1.1941	1.2653	1.3401
	7	1.0721	1.1487	1.2299	1.3159	1.4071
	8	1.0829	1.1717	1.2668	1.3686	1.4775
	9	1.0937	1.1951	1.3048	1.4233	1.5513
	10	1.1046	1.2190	1.3439	1.4802	1.6289
	11	1.1157	1.2434	1.3842	1.5395	1.7103
	12	1.1268	1.2682	1.4258	1.6010	1.7959
	13	1.1381	1.2936	1.4685	1.6651	1.8856
	14	1.1495	1.3195	1.5126	1.7317	1.9799
	15	1.1610	1.3459	1.5580	1.8009	2.0789
	20	1.2202	1.4859	1.8061	2.1911	2.6533
	25	1.2824	1.6406	2.0938	2.6658	3.3864
	30	1.3478	1.8114	2.4273	3.2434	4.3219

〔資料2〕 現価係数表

		運用利率（％）				
		1 ％	2 ％	3 ％	4 ％	5 ％
期間（年）	1	0.9901	0.9804	0.9709	0.9615	0.9524
	2	0.9803	0.9612	0.9426	0.9246	0.9070
	3	0.9706	0.9423	0.9151	0.8890	0.8638
	4	0.9610	0.9238	0.8885	0.8548	0.8227
	5	0.9515	0.9057	0.8626	0.8219	0.7835
	6	0.9420	0.8880	0.8375	0.7903	0.7462
	7	0.9327	0.8706	0.8131	0.7599	0.7107
	8	0.9235	0.8535	0.7894	0.7307	0.6768
	9	0.9143	0.8368	0.7664	0.7026	0.6446
	10	0.9053	0.8203	0.7441	0.6756	0.6139
	11	0.8963	0.8043	0.7224	0.6496	0.5847
	12	0.8874	0.7885	0.7014	0.6246	0.5568
	13	0.8787	0.7730	0.6810	0.6006	0.5303
	14	0.8700	0.7579	0.6611	0.5775	0.5051
	15	0.8613	0.7430	0.6419	0.5553	0.4810
	20	0.8195	0.6730	0.5537	0.4564	0.3769
	25	0.7798	0.6095	0.4776	0.3751	0.2953
	30	0.7419	0.5521	0.4120	0.3083	0.2314

〔資料３〕　年金終価係数表

		運用利率（％）				
		1 ％	2 ％	3 ％	4 ％	5 ％
期間（年）	1	1.0100	1.0200	1.0300	1.0400	1.0500
	2	2.0301	2.0604	2.0909	2.1216	2.1525
	3	3.0604	3.1216	3.1836	3.2465	3.3101
	4	4.1010	4.2040	4.3091	4.4163	4.5256
	5	5.1520	5.3081	5.4684	5.6330	5.8019
	6	6.2135	6.4343	6.6625	6.8983	7.1420
	7	7.2857	7.5830	7.8923	8.2142	8.5491
	8	8.3685	8.7546	9.1591	9.5828	10.0266
	9	9.4622	9.9497	10.4639	11.0061	11.5779
	10	10.5668	11.1687	11.8078	12.4864	13.2068
	11	11.6825	12.4121	13.1920	14.0258	14.9171
	12	12.8093	13.6803	14.6178	15.6268	16.7130
	13	13.9474	14.9739	16.0863	17.2919	18.5986
	14	15.0969	16.2934	17.5989	19.0236	20.5786
	15	16.2579	17.6393	19.1569	20.8245	22.6575
	20	22.2392	24.7833	27.6765	30.9692	34.7193
	25	28.5256	32.6709	37.5530	43.3117	50.1135
	30	35.1327	41.3794	49.0027	58.3283	69.7608
	35	42.0769	50.9944	62.2759	76.5983	94.8363

〔資料４〕　年金現価係数表

		運用利率（％）				
		1 ％	2 ％	3 ％	4 ％	5 ％
期間（年）	1	1.0000	1.0000	1.0000	1.0000	1.0000
	2	1.9901	1.9804	1.9709	1.9615	1.9524
	3	2.9704	2.9416	2.9135	2.8861	2.8594
	4	3.9410	3.8839	3.8286	3.7751	3.7232
	5	4.9020	4.8077	4.7171	4.6299	4.5460
	6	5.8534	5.7135	5.5797	5.4518	5.3295
	7	6.7955	6.6014	6.4172	6.2421	6.0757
	8	7.7282	7.4720	7.2303	7.0021	6.7864
	9	8.6517	8.3255	8.0197	7.7327	7.4632
	10	9.5660	9.1622	8.7861	8.4353	8.1078
	11	10.4713	9.9826	9.5302	9.1109	8.7217
	12	11.3676	10.7868	10.2526	9.7605	9.3064
	13	12.2551	11.5753	10.9540	10.3851	9.8633
	14	13.1337	12.3484	11.6350	10.9856	10.3936
	15	14.0037	13.1062	12.2961	11.5631	10.8986
	20	18.2260	16.6785	15.3238	14.1339	13.0853
	25	22.2434	19.9139	17.9355	16.2470	14.7986
	30	26.0658	22.8444	20.1885	17.9837	16.1411
	35	29.7027	25.4986	22.1318	19.4112	17.1929

2024年度　金融業務能力検定

等級	試験種目		受験予約開始日	配信開始日（通年実施）	受験手数料（税込）
IV	金融業務4級　実務コース		受付中	配信中	4,400 円
III	金融業務3級　預金コース		受付中	配信中	5,500 円
	金融業務3級　融資コース		受付中	配信中	5,500 円
	金融業務3級　法務コース		受付中	配信中	5,500 円
	金融業務3級　財務コース		受付中	配信中	5,500 円
	金融業務3級　税務コース		受付中	配信中	5,500 円
	金融業務3級　事業性評価コース		受付中	配信中	5,500 円
	金融業務3級　事業承継・M&Aコース		受付中	配信中	5,500 円
	金融業務3級　リース取引コース		受付中	配信中	5,500 円
	金融業務3級　DX（デジタルトランスフォーメーション）コース		受付中	配信中	5,500 円
	金融業務3級　シニアライフ・相続コース		受付中	配信中	5,500 円
	金融業務3級　個人型DC（iDeCo）コース		受付中	配信中	5,500 円
	金融業務3級　シニア対応銀行実務コース		受付中	配信中	5,500 円
	金融業務3級　顧客本位の業務運営コース		受付中	配信中	5,500 円
II	金融業務2級　預金コース		受付中	配信中	7,700 円
	金融業務2級　融資コース		受付中	配信中	7,700 円
	金融業務2級　法務コース		受付中	配信中	7,700 円
	金融業務2級　財務コース		受付中	配信中	7,700 円
	金融業務2級　税務コース		受付中	配信中	7,700 円
	金融業務2級　事業再生コース		受付中	配信中	11,000 円
	金融業務2級　事業承継・M&Aコース		受付中	配信中	7,700 円
	金融業務2級　資産承継コース		受付中	配信中	7,700 円
	金融業務2級　ポートフォリオ・コンサルティングコース		受付中	配信中	7,700 円
	DCプランナー2級		受付中	配信中	7,700 円
I	DCプランナー1級（※）	A分野（年金・退職給付制度等）	受付中	配信中	5,500 円
		B分野（確定拠出年金制度）	受付中	配信中	5,500 円
		C分野（老後資産形成マネジメント）	受付中	配信中	5,500 円
－	コンプライアンス・オフィサー・銀行コース		受付中	配信中	5,500 円
	コンプライアンス・オフィサー・生命保険コース		受付中	配信中	5,500 円
	個人情報保護オフィサー・銀行コース		受付中	配信中	5,500 円
	個人情報保護オフィサー・生命保険コース		受付中	配信中	5,500 円
	マイナンバー保護オフィサー		受付中	配信中	5,500 円
	AML／CFTスタンダードコース		受付中	配信中	5,500 円

※　DCプランナー1級は、A分野・B分野・C分野の3つの試験すべてに合格した時点で、DCプランナー1級の合格者となります。

2024年度　サステナビリティ検定

等級	試験種目	受験予約開始日	配信開始日（通年実施）	受験手数料（税込）
–	SDGs・ESGベーシック	受付中	配信中	4,400 円
–	サステナビリティ・オフィサー	受付中	配信中	6,050 円

2024年度版
DCプランナー2級　試験問題集

2024年6月6日　第1刷発行

編　者　一般社団法人金融財政事情研究会
　　　　　　　　　　　　検定センター
発行者　　　　　　　　　加藤　一浩

〒160-8519　東京都新宿区南元町19
発　行　所　一般社団法人 金融財政事情研究会
販 売 受 付　TEL 03(3358)2891　FAX 03(3358)0037
　　　　　　URL https://www.kinzai.jp

本書の内容に関するお問合せは、書籍名およびご連絡先を明記のうえ、FAXでお願いいたします。　お問合せ先　FAX 03(3359)3343
本書に訂正等がある場合には、下記ウェブサイトに掲載いたします。
https://www.kinzai.jp/seigo/

ISBN978-4-322-14535-9